LES 100 PLUS GRANDS

ATHLÈTES CANADIENS

LES 100 PLUS GRANDS
ATHLÈTES CANADIENS

MAGGIE MOONEY

ET LE CONSEIL CONSULTATIF CANADIEN DES SPORTS

97-B, Montée des Bouleaux, Saint-Constant, Qc, Canada, J5A 1A9
Internet : www.broquet.qc.ca   Courriel : info@broquet.qc.ca
Tél. : 450 638-3338   Téléc. : 450 638-4338

Catalogage avant publication de Bibliothèque et Archives
nationales du Québec et Bibliothèque et Archives Canada

Mooney, Maggie, 1957-

　　Les 100 plus grands athlètes canadiens

　　Traduction de: Canada's top 100 : the greatest athletes of all time.

　　Comprend un index.

　　ISBN 978-2-89654-164-5

　　1. Athlètes - Canada - Biographies. 2. Sports - Records - Canada.
I. Titre. II. Titre: Cent plus grands athlètes canadiens.

　　GV697.A1M6614 2010　　　　796.092'271　　　　C2010-940492-0

POUR L'AIDE À LA RÉALISATION DE SON PROGRAMME ÉDITORIAL,
L'ÉDITEUR REMERCIE :
　　Le gouvernement du Canada par l'entremise du Programme d'aide
au développement de l'industrie de l'édition (PADIÉ) ; La Société de
développement des entreprises culturelles (SODEC) ; L'Association pour
l'exportation du livre Canadien (AELC).
　　Le gouvernement du Québec – Programme de crédit d'impôt pour
l'édition de livres – Gestion SODEC.

Texte : © 2010 Maggie Mooney
Toutes les photographies des photographes ou éditeurs particuliers sont pro-
tégées par le droit d'auteur. Consultez les crédits à la page 132 pour les noms.

Greystone Books
Une filiale de D&M Publishers Inc.
2323 Quebec Street, Suite 201
Vancouver BC Canada V5T 4S7
www.greystonebooks.com

Photographies de couverture : © James Duhamel, courtoisie : Rio Tinto
Alcan (Chantal Petitclerc), © Wrangel | Dreamstime.com (sprinter),
© Barsik | Dreamstime.com (joueur de tennis et patineuse artistique),
© Dgareri | Dreamstime.com (gardien de but), © Ecophoto | Dreamstime.com
(golfeur), © Rocsprod | Dreamstime.com (skieur acrobatique),
© Swimnews | Dreamstime.com (nageur)

Traduction : Jean Roby et Christiane Laramée
Révision : Denis Poulet et Diane Martin
Infographie : Annabelle Gauthier

Copyright © Ottawa 2010 Broquet Inc.
Dépôt légal – Bibliothèque nationale du Québec
2e trimestre 2010

Imprimé au Canada

ISBN 978-2-89654-164-5

TABLE DES MATIÈRES

INTRODUCTION

L'IDÉE ÉTAIT D'UNE SIMPLICITÉ ABSOLUE : publier un livre qui rende hommage aux 100 plus grands athlètes canadiens de tous les temps. Au cours d'un souper de fête réunissant famille et amis, j'eus le premier indice que le défi s'avérerait plus grand que ce que j'avais anticipé. Je mentionnai le projet, ce qui déclencha un débat passionné. À la fin de la soirée, je détenais une liste d'athlètes : certains dont je n'avais jamais entendu parler, plusieurs que nous n'avions pas pensé inclure, mais tous dignes de considération pour notre liste finale. Cette discussion enthousiaste se répéta chaque fois que le sujet revint sur le tapis. Il devint évident que les Canadiens – même ceux et celles qui ne suivent pas les sports de près – nourrissent une passion pour leurs athlètes.

Le processus de sélection engendra un débat d'un autre niveau. Nous réunîmes le Conseil consultatif canadien des sports et demandâmes à plusieurs journalistes sportifs bien connus au pays d'envoyer leur liste des meilleurs athlètes canadiens classés de 1 à 100. Chaque expert produisit une liste conçue avec soin, comptant des vedettes et des sportifs locaux, de même que de nombreux athlètes dont l'histoire a été oubliée. Les délibérations devinrent plus complexes lorsqu'on réalisa subitement que le dossier contenait plus de 400 athlètes exceptionnels.

Alors, que faire ?

Nous conçûmes un système de points et une formule mathématique combinant les listes et compilant les résultats d'une manière juste et raisonnable, pour aboutir à une nouvelle liste de 100 athlètes. Nous envoyâmes celle-ci au comité d'experts et les discussions commencèrent. Ils exprimèrent leurs opinions – souvent contradictoires, mais toujours bien informées et passionnées – et leurs arguments pour inclure ou exclure tel ou tel athlète. D'autres changements furent apportés selon que les athlètes montaient ou descendaient dans le classement, ou gagnaient ou quittaient les 10, les 20 ou les 50 premières places. Au bout du compte, nous tenions une liste satisfaisante et défendable des 100 plus grands athlètes canadiens de tous les temps.

Plusieurs questions délicates surgirent durant le processus de sélection. La première était au cœur même du projet : comment définir « le plus grand » ? Cette expression est subjective : les 400 noms et plus soumis par un seul groupe restreint de rédacteurs sportifs démontrent à quel point la définition peut varier. Toutefois, certains indices nous disent qu'on est en présence de « grands ». Par exemple, l'accumulation d'honneurs et de trophées indique des réussites remarquables : personne ne sera surpris de ce que la plupart des athlètes dans cette liste aient reçu les plus hauts honneurs sportifs annuels au Canada.

Les médailles et les records aux Jeux olympiques et aux championnats du monde sont aussi des signes indéniables d'excellence. Dans les sports collectifs, la grandeur se manifeste par les sélections au sein des équipes d'étoiles ou des équipes nationales, et dans les honneurs accordés pour des positions spécifiques – meilleur joueur défensif, meilleur lanceur, meilleur quart-arrière –, ainsi que dans les nominations au titre de joueur le plus utile. Dans le cas des athlètes ayant pris leur retraite, les grandes réussites se manifestent par l'intronisation au Panthéon des sports canadiens et au Temple de la renommée du sport concerné, de même que par la nomination au prestigieux Ordre du Canada.

La seconde question en importance était la suivante : qui est Canadien ? Seulement les athlètes nés au Canada ? Seulement les détenteurs de la citoyenneté canadienne ? Qu'en est-il des citoyens des États-Unis qui ont effectué toute leur carrière de football dans la Ligue canadienne de football (LCF) ? Nous avons débattu la question et décidé d'accepter les athlètes nés au Canada, ceux qui y ont immigré à un jeune âge – nous sommes une nation d'immigrants, après tout – et ceux qui ont représenté le pays sur la scène internationale, intégrant sans ambiguïté la part canadienne à leur identité.

Nous avons eu d'autres débats. Certains estimaient que notre liste comptait trop de joueurs de hockey ; d'autres disaient qu'il y en avait trop peu, ou pas ceux qu'il fallait, ou pas dans le bon ordre. Compte tenu du rôle de premier plan que le hockey joue dans la psyché canadienne, il n'est pas étonnant qu'un peu plus du quart des athlètes de la liste soient des joueurs de hockey. L'image d'un enfant apprenant à patiner sur un plan d'eau gelé dans la cour arrière revient à répétition dans les histoires d'enfance des athlètes, et la plupart des garçons – et beaucoup de filles – ont voulu être des joueurs de hockey professionnels à un moment ou un autre, quel que soit le sport dans lequel ils ont excellé.

Le défi suivant consistait à évaluer des athlètes d'époques différentes. Peut-on comparer en toute équité des joueurs de hockey d'avant l'expansion de la Ligue nationale de hockey (LNH), soit avant 1967, et ceux de la période de l'expansion – Gordie Howe versus Wayne Gretzky ? Et qu'en est-il des techniques d'entraînement, de l'équipement et des progrès de la médecine ? C'est alors que s'élevèrent les « mais si... ». Mais si Bobby Orr avait bénéficié des techniques modernes d'opération du genou... ? Mais si les méthodes d'entraînement novatrices du marathonien Tom Longboat avaient été reconnues plutôt que critiquées... ? Mais si la skieuse Anne Heggtveit avait pu utiliser des skis en fibre de verre plutôt qu'en bois, ainsi que des fixations à ressorts... ?

Les débats les plus passionnés concernèrent deux athlètes très différents : Terry Fox et Ben Johnson. Des arguments convaincants furent avancés pour inclure ou exclure l'un ou l'autre. En fin de compte, nous avons décidé que Fox était dans une catégorie qui lui est propre. Il n'a pas gagné de médaille d'or, ni battu de record du monde. Il ne concourait pas non plus contre d'autres athlètes. Néanmoins, il a accompli un exploit sportif hors du commun qui brille toujours aux yeux des Canadiens. Certains diront que notre décision fut dominée par l'émotion plus que par la logique... et ils pourraient bien avoir raison.

Dans le cas de Johnson, la question se présentait à peu près ainsi : il était indéniablement un athlète phénoménal qui a été simplement malchanceux – il a été celui qu'on a pris en flagrant délit d'usage de substances interdites, alors qu'il est de notoriété publique que bon nombre de ses concurrents utilisaient aussi des produits dopants pour favoriser leurs performances. Était-il juste alors d'exclure Johnson ? Nous avons décidé que ce l'était. Il a été banni à vie par le Comité international olympique, son record du monde a été rayé des registres, sa médaille d'or olympique lui a été retirée et, que cela soit juste ou non, on l'a déchu de son titre de champion du monde. Ben Johnson n'apparaît pas dans notre liste.

Somme toute, la tâche a été incroyablement épineuse, mais néanmoins fascinante. Nous avons réellement comparé des pommes et des bananes : le hockey et le slalom géant, la natation et le curling, des marathoniens et des pilotes de course automobile, des athlètes féminines et des athlètes masculins. Le débat se poursuit (tout au moins, autour de la table familiale) et, quoique les rédacteurs n'aient pas atteint un consensus final – ils ont présenté des arguments solides appuyant leurs choix, basés sur leurs nombreuses années d'expérience à couvrir les plus grandes vedettes sportives du Canada –, il y a eu une approbation générale du processus et de la liste finale.

La grandeur va souvent de pair avec l'héritage. Plusieurs des athlètes retenus ont exercé une profonde influence sur leur sport, non seulement quand ils le pratiquaient, mais aussi après leur retraite. Les uns ont connu des carrières impressionnantes dans le sport, les affaires et la politique, et leur héritage a été important et d'une portée considérable. D'autres se sont dévoués dans de précieuses œuvres caritatives ou sociales, comme le programme Right To Play ; certains ont mis sur pied leurs propres fondations – George Chuvalo et Steve Nash, par exemple. Les résumés biographiques présentés dans ce livre se limitent aux carrières sportives, excluant le travail ou les œuvres hors de l'arène sportive, mais ces réalisations ne sont pas moins significatives, cet héritage moins important.

Un type particulier d'héroïsme émerge de l'histoire de certains athlètes. Tandis que les uns semblent jouir de carrières longues, productives et exemptes de blessures graves, d'autres combattent des blessures chroniques ou qui affectent leurs carrières – on songe ici à Mario Lemieux, Harry Jerome et Silken Laumann, par exemple. Ces athlètes n'occupent pas un rang plus élevé dans le panthéon sportif à cause de ces luttes, mais leur courage est digne de mention.

Plusieurs athlètes de la liste concourent toujours et, par conséquent, leur collection d'honneurs et d'exploits s'agrandit encore. Tandis que j'écrivais ce livre, Martin Brodeur a égalé puis battu le record de Terry Sawchuk du plus grand nombre de blanchissages en saison régulière dans la LNH. De nouveaux athlètes ont été intronisés au Panthéon des sports canadiens. Des médailles ont été remportées, de nouveaux records ont été établis et des niveaux de réussite sans précédent ont été atteints. Et de nouveaux athlètes sont portés à notre attention chaque jour. De grandes vedettes en herbe s'entraînent en ce moment même, n'attendant que l'occasion de trouver leur place dans quelque édition future de cette liste.

Ce n'était pas l'une de nos contraintes, mais il est intéressant de noter que les sports d'hiver et d'été sont représentés quasi à égalité. C'est un hommage à l'esprit tenace de ce pays de neige aux courts étés : le Canada a été capable de produire autant d'athlètes d'élite excellant dans les sports d'été comme l'aviron, le baseball, le cyclisme, le golf et l'athlétisme.

Ce livre offre aux amateurs de sports canadiens l'occasion d'en apprendre un peu plus sur les exploits de leurs athlètes préférés et de faire la connaissance de vedettes d'autres époques ou de sports moins familiers. Quoique issus d'une myriade de milieux – rural et urbain, riche et pauvre, immigrant et né ici, de l'est et de l'ouest du pays et de partout entre les deux –, ces athlètes d'élite ont tous partagé le même besoin d'excellence, la volonté de se hisser jusqu'au sommet du sport qui était le leur. C'est avec fierté que nous présentons cette quête de perfection athlétique et que nous rendons hommage à l'éventail des sports de compétition au Canada.

Les 100 plus grands athlètes canadiens célèbre l'engagement et les réalisations, non seulement de ces grands athlètes, mais aussi de chaque Canadien et Canadienne – enfant ou adulte – qui lace des patins ou des souliers de course, chausse des skis ou embarque dans un canot, ou fait rebondir un ballon sur le parquet du gymnase pendant des heures.

Au jeu !

100 Larry Robinson

1951 (Marvelville, Ontario) –
LARRY « BIG BIRD » ROBINSON, l'un des plus grands joueurs défensifs du hockey, participa à la conquête de six Coupes Stanley avec les Canadiens de Montréal, dont quatre de suite de 1976 à 1979.

Robinson joua dans les rangs juniors avec les Braves de Brockville et les Rangers de Kitchener, puis passa chez les professionnels avec les Voyageurs de la Nouvelle-Écosse, dans la Ligue américaine (LAH), qu'il aida à gagner la Coupe Calder en 1972.

Repêché par les Canadiens en 1971, Robinson gagna sa première Coupe Stanley en 1973, son année de recrue. Il joua 17 saisons avec le Tricolore et 3 autres avec les Kings de Los Angeles, apparaissant, au cours de 20 incroyables saisons consécutives, dans 227 parties éliminatoires, un record de la LNH.

Mesurant 1,93 m (6 pi 4 po) et pesant 102 kg (225 lb), Robinson dominait ses adversaires de toute sa hauteur. Sa taille impressionnante et ses boucles blondes désordonnées lui valurent son amical surnom de « Big Bird », mais il était reconnu comme l'un de ceux qui infligeaient les plus solides mises en échec.

Robinson a joué pour Équipe Canada lors des trois victoires de la Coupe Canada en 1976, 1981 et 1984. Nommé 10 fois au sein de l'équipe d'Étoiles, il a pris sa retraite en 1992 et détient encore la meilleure fiche +/- de carrière dans la LNH (+730). En 2000, Robinson a ajouté une septième fois son nom sur la Coupe Stanley, cette fois comme entraîneur des Devils du New Jersey.

HONNEURS

· Trophée Lionel Conacher – 1995 et 1997
· Trophée Lou Marsh – 1995 et 1997
· Officier de l'Ordre national du Québec – 1998
· Temple de la renommée canadien du sport automobile – 2001

99 Jacques Villeneuve

1971 (Saint-Jean-sur-Richelieu, Québec) – JACQUES VILLENEUVE passa la majeure partie de son enfance sur des roues, dans une auto-caravane, suivant son célèbre père sur le circuit de courses de la Formule 1. La mort tragique de Gilles Villeneuve en 1982 ne détourna pas Jacques de la course automobile. Après une série de courses en kart couronnées de succès à l'adolescence et, plus tard, des courses sur les circuits de F3 et F4, Villeneuve remporta en F1 le titre qui avait échappé à son père.

En 1995, Villeneuve fut le plus jeune conducteur et le seul Canadien à gagner l'Indianapolis 500. Un an plus tard, il rejoignit les rangs de la F1, se classant deuxième dans sa première course et deuxième de la saison, ce qui engendra une frénésie que les amateurs canadiens de course automobile n'avaient pas connu depuis les jours de gloire de Villeneuve père.

Jacques décrocha le titre de F1 la saison suivante avec sept victoires. Comme son père, il carburait à la course à haut risque et repoussait les limites de la vitesse et de la technologie. Il survécut à de spectaculaires collisions et ravit ses admirateurs dans son rôle de méchant garnement.

Villeneuve a rejoint l'écurie British American Racing nouvellement formée en 1999, puis il est retourné à la F1 avec l'écurie Renault en 2005. Depuis 2006, il a couru le circuit du Mans et participé à des épreuves de la NASCAR, alors que se poursuivent les rumeurs de son retour en F1.

98 Charmaine Hooper

1968 (Georgetown, Guyana) –
CHARMAINE HOOPER a excellé dans les matchs internationaux avec 130 parties – ou sélections – et 71 buts, mais ce palmarès ne constitue qu'une petite partie de ses performances sur un terrain de soccer.

Élevée à Ottawa, Hooper fut un membre original de l'équipe nationale du Canada en 1986. Elle fut un atout majeur tout au long de sa carrière dans la Women's United Soccer Association et la Women's Premier Soccer League, et, sur la scène internationale, dans des clubs en Norvège, en Italie et au Japon. Elle fut deux fois la meilleure marqueuse de la Ligue L du Japon et, en 1997, fut choisie joueuse la plus utile de cette ligue. L'année suivante, elle domina les marqueuses de la Ligue féminine de la USL et fut de nouveau couronnée joueuse la plus utile.

Attaquante menaçante, réputée pour son jeu agressif, Hooper mena l'Université de Caroline du Nord au championnat de l'ACC (Atlantic Coast Conference – Conférence de la côte atlantique) en 1988, établissant des records d'institution pour le nombre de buts et de points.

Hooper fut nommée deux fois joueuse canadienne de l'année. Elle joua à la Coupe du monde féminine en 1995, 1999 et 2003, et à la Coupe d'or en 2000 et 2002. En 1999, elle fut nommée joueuse la plus utile lors du match spécial des Étoiles féminines de la FIFA contre les États-Unis.

HONNEURS

· Joueuse canadienne de l'année – 1994 et 1995

· Joueuse la plus utile des Étoiles féminines mondiales de la FIFA – 1999

97 Jennifer Heil

1983 (Edmonton, Alberta) –

ENGAGÉE, BRILLANTE ET EXTRÊMEMENT DOUÉE, la vedette de ski acrobatique Jennifer Heil savait depuis son plus jeune âge qu'elle serait une athlète de haut niveau et elle prit des risques bien calculés pour le devenir.

À ses premiers Jeux olympiques, à Salt Lake City en 2002, l'athlète de 19 ans rata le podium de peu, se classant quatrième en bosses. Elle prit alors la décision audacieuse d'arrêter un an en raison de la douleur extrême causée par les exténuantes épreuves de bosses. N'ayant pas l'intention de laisser tomber, Heil savait cependant qu'elle n'obtiendrait jamais la médaille d'or si elle n'arrivait pas à composer avec cette douleur. Elle travailla avec une remarquable équipe d'entraîneurs et modifia son approche de la préparation physique. Le risque en valut la peine.

L'année suivante, Heil devenait championne de la Coupe du monde en bosses. Elle décrocha le titre de la Coupe du monde de 2004 à 2007 et, aux Jeux olympiques de Turin, obtint la médaille d'or – la toute première médaille olympique du Canada jamais gagnée en bosses. Une blessure au genou l'écarta des compétitions en 2008, mais elle revint plus forte que jamais, gagnant l'or et l'argent aux épreuves de la Coupe du monde en 2009 et 2010. Aux Jeux de Vancouver, Heil skia avec brio pour une autre médaille olympique, cette fois en argent. Huit fois championne nationale, Jennifer Heil a remporté plus de 45 médailles en Coupe du monde, un total remarquable qui ne pourra qu'augmenter alors que son extraordinaire carrière se poursuit.

96 Kevin Martin

1966 (Killam, Alberta) –

KEVIN MARTIN est l'un des joueurs de curling les plus remarquables de la planète, car il a obtenu des succès phénoménaux en compétitions nationales et internationales.

Martin a gagné le Championnat canadien junior en 1985 et une médaille d'argent au Championnat du monde junior l'année suivante. En 1991, il a gagné son premier Brier – le championnat canadien – et, au Championnat du monde cette même année, il a remporté l'argent et son billet pour les Jeux olympiques d'Albertville, où le curling était un sport de démonstration.

Martin mena encore son équipe au Brier en 1992, 1995, 1996 et 1997, année où il gagna encore le titre national. En 2002, il fit sa deuxième apparition aux Jeux olympiques, où il remporta cette fois la médaille d'argent.

Surnommé « The Old Bear », Martin est réputé pour réussir des tirs extrêmement difficiles dans des situations complexes. D'autres joueurs de curling utilisent l'expression « faire un Martin » quand ils tentent un tir de ce genre.

En 2006, Martin recomposa son équipe en prévision des Jeux olympiques de 2010. Dans les années précédant les Jeux, l'équipe de Martin était en feu, gagnant le Brier et le Championnat mondial en 2008. L'année suivante, Martin remporta son 4e Brier, son 3e titre à la Coupe du Canada et finit au 2e rang au Championnat du monde.

Aux Jeux de Vancouver, en 2010, Martin pilota son équipe dans la ronde préliminaire sans perdre une seule partie – la première équipe olympique de curling à réaliser un tel exploit. Dans le match final contre la Norvège, Martin lança le marteau qui lui assura la médaille d'or devant une foule en liesse chantant le Ô Canada.

HONNEURS

· Temple de la renommée olympique du Canada – 1975
· Panthéon des sports canadiens – 1977
· Trophée Velma Springstead – 1977 et 1981
· Trophée Lou Marsh – 1981
· Officier de l'Ordre du Canada – 1981

95 Susan Nattrass

1950 (Medicine Hat, Alberta) –

AU SEUL CHAPITRE DE LA DURÉE, la carrière de Susan Nattrass est extraordinaire. La championne de tir à la volée fit pression avec succès pour qu'on introduise des épreuves féminines de tir aux Jeux olympiques. Elle participa à des compétitions internationales de haut niveau pendant 40 ans, dont 6 Jeux olympiques.

Lui aussi athlète olympique, le père de Nattrass lui apprit à tirer dès qu'elle put tenir un fusil. Elle excella dès sa première compétition importante – le Golden West Grand, en 1968, au Nevada. Choquée d'être dénigrée comme «jeune fille canadienne», Nattrass, alors âgée de 18 ans, triompha de 1200 concurrents, presque tous des hommes.

Dans les années 1970 et au début des années 1980, Nattrass domina la scène mondiale du tir à la volée chez les femmes – elle conserva le titre du National Women's Trapshooting pendant 15 ans, fut la meilleure femme en tir à la volée en Amérique du Nord pendant 5 années consécutives et gagna 6 championnats du monde de 1974 à 1980, établissant notamment un record du monde de 195 cibles sur 200 en 1978.

À Montréal, en 1976, Nattrass fut la première femme à participer à une compétition olympique de tir et, en 1990, elle fut la première femme à participer à une épreuve de fusil à canon lisse aux Jeux du Commonwealth. Elle gagna deux médailles de bronze aux Jeux du Commonwealth en 2002, une médaille de bronze aux Jeux panaméricains en 2003 et trois autres médailles – deux d'argent et une de bronze – aux Jeux du Commonwealth en 2006. À Pékin, en 2008, Nattrass participa à ses sixièmes Jeux olympiques, près de 40 ans après sa première compétition internationale.

94 Mark Tewksbury

1968 (Calgary, Alberta) –

C'EST À TITRE DE JEUNE NAGEUR à l'Université de Calgary que le batteur de records Mark Tewksbury affina sa technique précise de nage sur le dos. À 17 ans, il se classa quatrième à sa première compétition internationale et, l'année suivante (1986), il décrocha deux médailles d'or aux Jeux du Commonwealth, une au 100 m dos et l'autre au relais 4 x 100 m quatre nages.

Aux Jeux panaméricains de 1987, Tewksbury gagna deux médailles d'argent et une médaille d'or, créant d'énormes attentes pour les Jeux olympiques de Séoul l'année suivante. Mais l'épreuve fut difficile et il revint au pays avec une décevante cinquième place et une médaille d'argent en relais.

Inébranlable, Tewksbury se fixa comme but les Jeux olympiques suivants, devenant en cours de route l'un des meilleurs dossistes de tous les temps : médailles d'argent et de bronze aux Jeux du Pacifique en 1989, deux médailles d'or aux Jeux du Commonwealth en 1990, deux médailles d'argent aux Mondiaux en 1991, puis deux autres aux Jeux du Pacifique la même année, et une poignée de records du monde à travers tout ça.

Tewksbury était prêt quand il entra dans la piscine à Barcelone, aux Jeux olympiques de 1992. Il gagna la médaille d'or au 100 m dos, revenant de l'arrière pour coiffer son adversaire par six centièmes de seconde et établissant un nouveau record olympique. Il gagna aussi la médaille de bronze au relais 4 x 100 m. Ce héros canadien de la natation reçut trois récompenses à titre d'athlète de l'année cette année-là.

Mark prit sa retraite en 1992 avec 21 titres de championnats nationaux, soit 11 individuels et 10 en relais.

HONNEURS

· Nageur de l'année de Natation Canada – 1987, 1991, 1992 et 1993
· Trophée Lou Marsh – 1992
· Trophée Lionel Conacher – 1992
· Trophée Norton H. Crow – 1992
· Temple de la renommée olympique du Canada – 1993
· Panthéon des sports canadiens – 1995
· Temple international de la renommée de la natation – 2000

93 Michael « Mike » Bossy

1957 (Montréal, Québec) –

Honneurs

· Trophée Calder – 1978
· Trophée Conn Smythe – 1982
· Trophée Lady Byng – 1983,
  1984 et 1986
· Temple de la renommée du
  hockey – 1991
· Retrait du chandail numéro 22
  par les Islanders de New York
  – 1992
· Panthéon des sports du
  Québec – 1995
· Panthéon des sports canadiens
  – 2007
· On a institué en 1981 le
  trophée Michael Bossy, remis
  annuellement au joueur de
  la LHJMQ qui représente le
  meilleur espoir professionnel.

MALGRÉ UNE CARRIÈRE relativement courte de 10 ans dans la LNH, l'attaquant Mike Bossy compta 573 buts en seulement 752 parties – une moyenne de buts par partie plus élevée que chez tout autre joueur dans l'histoire de la LNH. Surnommé « Mr Fifty », Bossy réussit plus de saisons consécutives de 50 buts ou plus (9) que tout autre joueur et partage le record de 60 buts ou plus en une saison (5) avec Wayne Gretzky.

Maître du tir rapide et imparable, Bossy était admiré pour sa précision étonnante et son habileté à déjouer les gardiens de but. Avec le National de Laval dans la LHJMQ, le phénoménal Bossy compta un total de 309 buts en 4 saisons. En 1977-1978, son année de recrue avec les Islanders de New York, il compta 53 buts, record qui lui valut le trophée Calder à l'âge de 20 ans.

Pendant le règne des Islanders au début des années 1980, le tir puissant de Bossy fut l'une des clés de quatre Coupes Stanley consécutives, dont le balayage de 1983 contre Gretzky et les Oilers. Pendant la saison 1981-1982, Maurice Richard félicita Bossy quand ce dernier égala son record de 1945 : 50 buts en 50 parties.

Souffrant de douleurs chroniques au dos après des années de doubles échecs féroces, le puissant ailier droit, huit fois sélectionné au sein de l'équipe d'Étoiles, reconnu pour son jeu propre et son esprit sportif, dut mettre fin à sa dynamique carrière. Il prit sa retraite en 1987.

92 Anne Heggtveit

1939 (Ottawa, Ontario) –

LES JEUX OLYMPIQUES d'hiver de 2010 constituaient le 50e anniversaire de la remarquable performance d'Anne Heggtveit en slalom, qui lui valut la première médaille d'or olympique en ski du Canada et propulsa le pays au rang des premières nations du monde en ski.

Née dans une famille de champions skieurs, Heggtveit chaussa ses premiers skis à l'âge de deux ans. Elle gagna sa première course à sept ans et, à neuf ans, elle fut invitée à se joindre à l'équipe canadienne de ski. Elle n'avait que quinze ans quand elle surprit le monde en devenant la plus jeune skieuse à gagner l'épreuve de slalom géant de Holmenkollen, en Norvège. L'année suivante, elle se cassa une jambe pendant une séance d'entraînement et, les saisons qui suivirent, elle fut accablée de blessures. En 1959, elle revint en pleine forme et termina la saison à titre de première Nord-Américaine à avoir gagné la plus prestigieuse épreuve de ski alpin : l'Arlberg-Kandahar.

Heggtveit décrocha deux médailles d'or aux Championnats du monde de ski alpin en 1960 – en slalom et en combiné alpin –, et devint ainsi la première non-Européenne à gagner un titre à ces championnats.

Aux Jeux olympiques de Squaw Valley, en 1960, Heggtveit se faufila admirablement dans le difficile parcours de slalom et décrocha la médaille d'or, une première pour le Canada. Elle termina avec une incroyable avance de 3,3 secondes sur ses concurrentes, marge qui demeure la plus grande de l'histoire du slalom aux Jeux olympiques et en Coupe du monde chez les femmes. Elle prit sa retraite après ces Jeux.

HONNEURS
· Trophée Calder – 1980
· Trophée James Norris – 1987, 1988, 1990, 1991 et 1994
· Retrait du chandail numéro 77 par les Bruins de Boston
  (2001) et l'Avalanche du Colorado (2003)
· Trophée Lester Patrick – 2003
· Temple de la renommée du hockey – 2004
· Panthéon des sports du Québec – 2006

91 Raymond Bourque

1960 (Saint-Laurent, Québec) –
RAYMOND « RAY » BOURQUE fut le premier choix au repêchage des Bruins de Boston en 1979 et son impact fut immédiat : le joueur de 18 ans récolta 65 points, plus que toute autre recrue à la défense dans l'histoire de la LNH à cette époque, et remporta le trophée Calder.

Bourque était un leader sur la glace par ses prouesses offensives et son excellente défensive. En 1983-1984, il atteignit l'apogée de sa carrière avec 31 buts et 96 points. En 21 ans avec les Bruins, Bourque fut 5 fois le meilleur marqueur de l'équipe et, en 1997-1998, il devint le cinquième joueur de la LNH à atteindre 1000 assistances. Nommé capitaine en 1988, Bourque mena les Bruins à deux finales de la Coupe Stanley.

Malgré sa spectaculaire carrière d'une vingtaine d'années avec Boston, Bourque n'avait toujours pas gagné de Coupe Stanley ; c'est pourquoi il demanda qu'on le cède à une autre équipe en 2000. Avec l'Avalanche du Colorado, il continua de faire sa marque, notamment par le record de sélections dans l'équipe d'Étoiles (19 fois consécutives). Au terme de sa première – et dernière – saison complète au Colorado, Bourque atteignit son but ultime : gagner enfin la Coupe Stanley.

Bourque prit sa retraite en 2001 avec un palmarès impressionnant : meneur de tous les temps chez les Bruins pour le nombre de points (1579), d'aides (1169) et de parties jouées (1612), et meneur de tous les temps chez les défenseurs de la LNH pour le nombre de points et de buts (410). Il représenta le Canada à trois tournois de la Coupe Canada (1981, 1984 et 1987) et aux Jeux olympiques de Nagano en 1998.

90 Denis Potvin

1953 (Hull, Québec) –

DUR COGNEUR ET DÉFENSEUR INTRÉPIDE, Denis Potvin fut le leader des Islanders de New York durant leur période de gloire des années 1980. Au cours de son règne de huit ans comme capitaine, les Islanders gagnèrent quatre Coupes Stanley consécutives (1980 à 1983) et ne ratèrent jamais les séries éliminatoires.

Joueur junior étoile à Ottawa, Potvin fut le premier choix au repêchage de la LNH en 1973. Voulant se faire valoir à tout prix, les Islanders, nouveaux venus dans la ligue, fondaient de grands espoirs sur Potvin. Ce dernier fut à la hauteur en remportant le titre de recrue de l'année. Son style défensif robuste et ses puissantes aptitudes offensives laissaient entrevoir qu'il deviendrait un grand joueur de hockey.

Le talent du lauréat de trois trophées Norris comprenait un tir du poignet aussi rapide que l'éclair, une grande finesse dans les passes et un coup de hanche parmi les plus dévastateurs de tous les temps, ce qui faisait de lui l'un des meilleurs défenseurs. Potvin a décrit son amour du jeu robuste : « Mon plus grand plaisir était de frapper l'adversaire. J'aimais le contact, et le hockey me procurait des occasions à profusion. »

Durant ses 15 années chez les Islanders, Potvin battit la plupart des records de Bobby Orr. Il joua 403 parties de plus que le célèbre défenseur des Bruins et fut le premier défenseur à atteindre 1000 points durant une carrière. Au moment de sa retraite en 1988, sa fiche de 310 buts et 742 aides (1052 points) constituait le record de la ligue pour un défenseur.

HONNEURS

· Trophée Bill Masterton – 1974
· Retrait du chandail numéro 16 par les Canadiens de Montréal – 1975
· Temple de la renommée du hockey – 1979
· Panthéon des sports canadiens – 1992
· Panthéon des sports du Québec – 1994

89 Henri Richard

1936 (Montréal, Québec) –
HENRI RICHARD est souvent comparé à son célèbre frère aîné Maurice, mais le « Pocket Rocket » fut en soi un joueur remarquable de la LNH. En fait, il accumula plus de points, joua plus de parties et gagna plus de Coupes Stanley que son héroïque frère. Leader offensif respecté, il reste toujours le seul dont le nom est gravé 11 fois sur la Coupe comme joueur, un exploit remarquable.

Après une brillante carrière chez les juniors, Richard se joignit aux Canadiens de Montréal en 1956, juste à temps pour contribuer à la conquête de cinq Coupes Stanley consécutives. À sa troisième année, il domina la ligue pour le nombre d'aides et fut sélectionné dans la première équipe d'Étoiles.

Jusqu'à la fin des années 1960, le Tricolore continua d'accumuler les Coupes Stanley, et Henri fut un joueur clé. C'est lui qui marqua le but gagnant qui mit fin à la série contre Detroit en 1966. Dans les années 1970, il mettait à profit sa grande expérience pour exécuter des jeux importants ; c'est ainsi qu'il marqua les buts égalisateur et gagnant dans le match final des séries de la Coupe contre Chicago, en 1971. En 1973, arborant l'honorable « C » du capitaine, Richard franchit la marque des 1000 points ; il était seulement le neuvième joueur dans l'histoire de la ligue à atteindre ce nombre magique. Il contribua à une autre conquête de la Coupe Stanley, sa onzième.

Richard prit sa retraite en 1975, ayant remporté des Coupes Stanley pendant plus de la moitié de ses saisons dans la LNH.

HONNEURS

· Prix Norton H. Crow – 1999 et 2000
· Trophée Lou Marsh – 2000
· Panthéon des sports canadiens – 2007

88 Daniel Igali

1974 (Eniwari, Nigeria) –

LE SAUT PÉRILLEUX DE LA VICTOIRE et le baiser exubérant du drapeau canadien de Daniel Igali après sa conquête de la médaille d'or au Jeux olympiques de Sydney, en 2000, sont difficiles à oublier. Igali s'expliqua : « Cet élan de joie intense et d'appréciation pour ce pays m'est venu tout naturellement. Pour moi, être Canadien est synonyme de liberté, d'être un citoyen du monde ; c'est une terre de rêves où vous pouvez réaliser tout ce que vous voulez. »

Né en 1974 dans l'un des plus pauvres villages du Nigeria, Igali apprit la lutte en jouant avec ses 20 frères et sœurs. Son talent naturel lui valut un titre de champion national à l'âge de 16 ans, et il atteignit le statut de champion d'Afrique en 1993 et 1994. Après les Jeux du Commonwealth à Victoria, en 1994, où il avait été capitaine de l'équipe de lutte du Nigeria, le jeune homme de 20 ans choisit de rester au Canada à titre de réfugié, car il souhaitait poursuivre ses études et échapper à la guerre civile dans son pays.

Igali fréquenta l'Université Simon Fraser et, après deux années d'entraînement, rejoignit l'équipe de lutte universitaire en 1997. Il remporta un incroyable total de 116 combats en 2 ans. Aux Championnats du monde de 1999, il gagna la médaille d'or, puis entreprit de se préparer pour les Jeux olympiques.

Aux Jeux de Sydney, Igali fut imbattable : il remporta chaque combat, dont l'affrontement ultime pour le titre olympique. C'était la première médaille d'or du Canada en lutte.

Igali prit sa retraite en 2004, après une sixième place aux Jeux olympiques d'Athènes.

HONNEURS
· Trophée Calder – 1937
· Athlète masculin de l'année de la Presse canadienne – 1937
· Trophée Lady Byng – 1942
· Temple de la renommée du hockey – 1961
· Panthéon des sports canadiens – 1975
· Membre de l'Ordre du Canada – 1977
· Retrait du chandail numéro 10 par les Maple Leafs de Toronto – 1993

87 Sylvanus « Syl » Apps

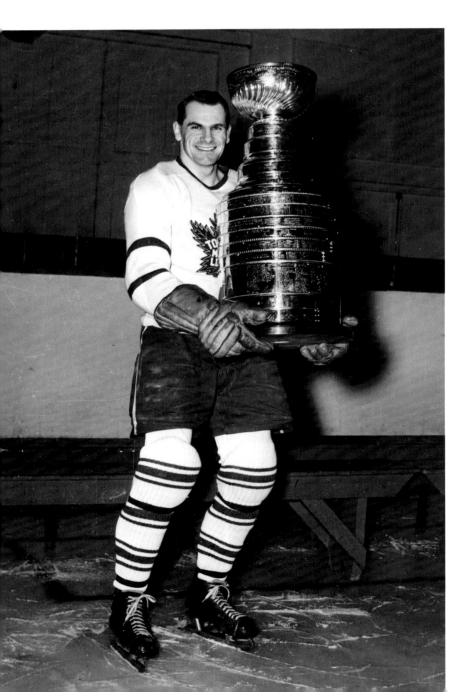

1915 (Paris, Ontario) – 1998

À L'ÉPOQUE DES PERCHES en bambou et des réceptions brutales, l'Ontarien Syl Apps était champion de saut à la perche. Athlète aux talents multiples, il gagna une médaille d'or aux Jeux de l'Empire britannique en 1934 et concourut pour le Canada aux Jeux olympiques de Berlin en 1936.

Apps était aussi un demi étoile et le capitaine de l'équipe de football de l'Université McMaster. Conn Smythe fut si impressionné par ses aptitudes qu'il le convainquit de passer au hockey et l'engagea, en 1936, dans son équipe des Maple Leafs de Toronto. L'année suivante, Apps gagnait le tout premier trophée Calder.

Sauf pendant deux années de la Deuxième Guerre mondiale, Apps joua comme centre pour les Maple Leafs de 1936 à 1948. Meneur de jeu à l'attaque, il fut capitaine de l'équipe torontoise lors de trois conquêtes de la Coupe Stanley, dont la légendaire remontée dans les séries de 1942 contre Detroit. Après avoir perdu les trois premières parties, les Maple Leafs comblèrent l'écart et gagnèrent la Coupe ; c'est la seule fois où un tel exploit fut accompli dans l'histoire de la LNH.

Reconnu pour son abstinence (ni alcool, ni tabac, ni jurons) et ses bonnes manières sur la glace, Apps « le bon gars » gagna le trophée Lady Byng en 1942, après une saison entière sans pénalités.

La petite-fille de Syl Apps, Gillian Apps, joue dans l'équipe féminine de hockey du Canada.

86 Norman « Normie » Kwong

1929 (Calgary, Alberta) –

NORMIE KWONG – premier joueur sino-canadien de la LCF et détenteur de plus de 30 records – fut l'un des plus grands demis à l'attaque dans l'histoire de la ligue et, à l'époque, le plus jeune joueur ayant gagné la Coupe Grey.

Surnommé le « China Clipper » (du nom des derniers grands voiliers faisant la navette entre l'Europe et l'Extrême-Orient), Kwong joua toute sa carrière professionnelle dans sa province natale de l'Alberta. Entré chez les Stampeders de Calgary en 1948, il contribua à la seule « saison parfaite » de l'histoire de la LCF : aucune défaite en saison régulière et en séries éliminatoires !

Kwong fut cédé aux Eskimos d'Edmonton en 1951, avec lesquels il joua pendant 10 saisons. L'arrière de 1,70 m (5 pi 7 po) et 77 kg (170 lb) était un solide bloqueur et un brillant feinteur. Il marqua 93 touchés et gagna un total de 9022 verges, un record incroyable qui n'inclut pas les 2 années jouées avant que l'on tienne des statistiques.

Kwong mena les Eskimos à trois Coupes Grey consécutives. Trois fois meilleur porteur de ballon dans la division Ouest, cinq fois meilleur arrière de la ligue et meilleur joueur canadien de la LCF en 1955 et 1956, Kwong fut aussi proclamé meilleur athlète masculin en 1955. Après sa retraite, il devint copropriétaire des Flames de Calgary, rejoignant les très rares personnalités dont le nom apparaît à la fois sur la Coupe Grey et sur la Coupe Stanley. En 2005, Kwong fut nommé lieutenant-gouverneur de l'Alberta.

85 Angela James

1964 (Toronto, Ontario) –
ANGELA JAMES, la première vedette féminine
du hockey moderne, est souvent appelée la
Wayne Gretzky du hockey féminin. Ses débuts
furent toutefois très différents de ceux de « La
Merveille ». Comme jeune patineuse au début
des années 1970, James dut faire face aux
innombrables handicaps du hockey féminin :
le manque d'équipes, le temps de glace limité
et, souvent, l'hostilité manifeste envers une
fille talentueuse qui osait jouer au hockey. Son
talent et sa passion pour le jeu la poussèrent à
persévérer. Elle affina ses habiletés et devint
une attaquante de grande puissance à la vitesse
explosive, aux aptitudes offensives et défensives
finement affûtées, et au tir redoutable.

Au début des années 1980, James était une
vedette au collège Seneca tout autant qu'une
joueuse éminente dans la Ligue de hockey
féminin du Centre de l'Ontario ; elle fut nommée six fois joueuse la plus utile de la ligue.
Elle joua pour Équipe Canada aux quatre premiers Championnats du monde féminins – en
1990, 1992, 1994 et 1997 –, mena le Canada à
4 médailles d'or et réalisa 22 buts et 34 points
en 20 parties. Avec l'équipe nationale féminine,
Angela gagna plus de 12 médailles et fut choisie
8 fois joueuse la plus utile à son équipe.

James faisait partie du premier groupe de
trois femmes intronisées au Temple international de la renommée du hockey sur glace en
2008.

84 Ned Hanlan

1855 (Toronto, Ontario) – 1908

À UNE ÉPOQUE OÙ L'AVIRON était l'un des sports de spectacle les plus populaires, le champion rameur Ned Hanlan attirait les foules les plus nombreuses et les paris les plus gros.

Ayant vécu son enfance à Toronto Island, Hanlan développa ses aptitudes de rameur en traversant la baie de Toronto lors de ses trajets quotidiens vers l'école. Il gagna le Championnat de l'Ontario en 1875 et, encouragé par le « Hanlan Team », un groupe de riches Torontois désireux de parier sur lui, il devint professionnel l'année suivante. Plutôt délicat, Hanlan mit au point l'usage du siège à coulisse et des avirons rotatifs, qui lui donnèrent un surplus de force et un avantage sur ses opposants plus costauds.

Des milliers de gens venaient voir le meilleur rameur du monde autant pour son style divertissant que pour son habileté. Hanlan jouait souvent avec ses adversaires : rusé, il piquait un sprint rapide, puis ralentissait si son adversaire était trop loin derrière. En une occasion, il vira de bord et rama jusqu'à son adversaire, puis fit la course avec lui jusqu'à la ligne d'arrivée.

En 1880, à son premier Championnat du monde, en Angleterre, sa réputation l'avait précédé : 100 000 spectateurs avaient envahi les bords de la Tamise. Harlan gagna le titre ce jour-là et devint ainsi le premier champion du monde individuel dans l'histoire canadienne. Il défendit six fois son titre mondial avec succès.

HONNEURS

· Panthéon des sports canadiens – 1955

HONNEURS

· Trophée Art Ross – 1976, 1977 et 1978
· Trophée Lester B. Pearson – 1976, 1977 et 1978
· Trophée Hart – 1977 et 1978
· Trophée Conn Smythe – 1977
· Trophée Lionel Conacher – 1977
· Trophée Lou Marsh – 1977
· Officier de l'Ordre du Canada – 1980
· Retrait du chandail numéro 10 par les Canadiens
  de Montréal – 1985
· Temple de la renommée du hockey – 1988
· Panthéon des sports du Québec – 1993
· Panthéon des sports canadiens – 1996
· Le trophée Guy Lafleur est remis annuellement
  au joueur le plus utile à son équipe durant les
  séries éliminatoires de la LHJMQ depuis 1978.

83 Guy Lafleur

1951 (Thurso, Québec) –

GUY LAFLEUR RÉALISA SON RÊVE D'ENFANT : jouer pour les Canadiens de Montréal. Il se joignit à l'équipe légendaire en 1971, après une brillante carrière marquée de records chez les juniors. Comptant 29 buts dès sa première saison dans la LNH, il planta le décor d'une carrière spectaculaire.

Deux ans plus tard, le « Démon blond » réussit sa première d'une série de 6 saisons de 50 buts ou plus/100 points ou plus. Trois fois le meilleur marqueur de la LNH, Lafleur contribua à cinq Coupes Stanley des Canadiens, dont quatre consécutives de 1976 à 1979.

Comme ses performances sur la glace diminuaient et qu'il ne voulait pas être moins que le meilleur, Lafleur prit sa retraite en 1984. Il était alors le meilleur de l'histoire des Canadiens pour les points (1246) et les aides (728), records qu'il détient toujours. En outre, il détenait le deuxième total de buts, derrière le Rocket (518). Lafleur atteignit la marque magique des 1000 points après seulement 720 parties, une progression sans précédent à l'époque. Par ailleurs, il détient toujours le record du club pour le nombre de points par partie (1,3) et de points en une saison (136).

En 1988, Lafleur revint à la LNH pour trois autres saisons : une avec les Rangers de New York et les deux dernières avec les Nordiques de Québec. Pendant ces trois dernières années, le bien-aimé Lafleur – six fois membre de l'équipe d'Étoiles et favori des amateurs pour ses montées spectaculaires, ses redoutables lancers frappés et sa blonde chevelure au vent – recevait une ovation debout chaque fois qu'il jouait au Forum de Montréal.

82 Tony Gabriel

1948 (Burlington, Ontario) –

TONY GABRIEL, l'un des joueurs les plus fiables et les plus constants du football canadien, occupait la position d'ailier rapproché et changea l'allure du jeu. Étonnamment, il ne manqua que 2 matchs pendant ses 11 années de carrière et il établit un record en attrapant au moins une passe dans chacune des parties jouées en 8 saisons.

Gabriel joua au football universitaire à l'Université de Syracuse à New York, où il établit des records de receveur. Les Giants de New York lui firent une offre, mais Gabriel souhaitait revenir au Canada. Il fit ses débuts avec les Tiger Cats de Hamilton en 1971 et les mena à la Coupe Grey en 1972.

En 1975, il se joignit aux Rough Riders d'Ottawa. Son exploit le plus remarquable dans la LCF survint quand il marqua le touché gagnant en saisissant une passe dans la zone des buts dans les dernières secondes du match de la Coupe Grey en 1976.

Gabriel domina la division Est comme receveur pendant quatre saisons d'affilée (1975 à 1978) et, en 1978, il remporta le trophée de la LCF du joueur par excellence (il fut le dernier Canadien à recevoir cet honneur). En 11 saisons, il capta 614 passes pour 9832 verges et 69 touchés. Au terme de sa carrière, il occupait le troisième rang des receveurs dans l'histoire de la ligue, mais il était le premier receveur canadien.

HONNEURS

· Joueur canadien par excellence de la division Est de la LCF – 1974
· Trophée Lew Hayman – 1976, 1977, 1978 et 1981
· Trophée Dick Suderman – 1976
· Trophée Jeff Russel – 1978
· Trophée du joueur par excellence de la LCF – 1978
· Trophée du joueur canadien par excellence de la LCF – 1974, 1976, 1977 et 1978
· Temple de la renommée du football canadien – 1985
· Panthéon des sports canadiens – 1985

HONNEURS

· Premier lauréat du trophée Lou Marsh – 1936

· Athlète masculin de l'année de la Presse canadienne – 1936

· Temple de la renommée olympique du Canada – 1950

· Panthéon des sports canadiens – 1997

· Panthéon des sports du Québec – 2005

· Le trophée Phil A. Edwards est décerné annuellement au meilleur
athlète canadien dans les courses d'athlétisme depuis 1972.

81 Phil Edwards

*1907 (Georgetown, Guyane britannique
[aujourd'hui Guyana]) – 1971*

SURNOMMÉ L'« HOMME DE BRONZE » à cause de ses cinq médailles de bronze olympiques, le coureur Phil Edwards fut le premier lauréat du trophée Lou Marsh. Il établit 13 records de piste canadiens et fut l'athlète olympien canadien le plus décoré pendant 66 ans.

Edwards immigra au Canada alors qu'il était jeune homme dans l'espoir de poursuivre sa carrière d'athlétisme. Il fut invité à concourir pour le Canada aux Jeux olympiques d'Amsterdam en 1928 comme membre de la fabuleuse équipe d'athlétisme canadienne qui incluait Percy Williams et Bobbie Rosenfeld. Edwards se classa quatrième au 800 m et gagna sa première médaille de bronze au relais 4 x 400 m.

Étudiant en médecine à l'Université McGill, Edwards fut capitaine de l'équipe d'athlétisme de son institution. Il la mena à six titres universitaires et prit part à plusieurs compétitions internationales, dont deux autres Jeux olympiques.

Aux Jeux de Los Angeles, en 1932, il gagna 3 autres médailles de bronze – au 800 m, au 1500 m et au relais 4 x 400 m. Quatre ans plus tard, lors des honteux Jeux olympiques de Berlin, Edwards, comme Jesse Owens, fut l'un des athlètes noirs qui participèrent aux compétitions et triomphèrent devant Adolf Hitler. Edwards gagna une médaille de bronze au 800 m, établissant un record canadien de 5 médailles olympiques qui résista jusqu'à ce que Clara Hughes gagne sa sixième médaille en 2008.

80 James « Jimmy » McLarnin

1907 (Comté de Down, Irlande) – 2004

LE LÉGENDAIRE BOXEUR JIMMY McLARNIN fut l'un des meilleurs poids mi-moyens de tous les temps. En 14 ans de carrière, il a enlevé 2 fois le titre mondial dans cette catégorie, battu 13 champions du monde et remporté 63 de 77 combats professionnels.

Immigré au Canada avec sa famille à l'âge de trois ans, McLarnin développa ses aptitudes au combat alors qu'il était un garçon plein de cran défendant son coin de vente de journaux dans le centre-ville de Vancouver. Il devint professionnel à l'âge de 15 ans et, après une douzaine de combats victorieux au Canada, il reluqua du côté des États-Unis. Surnommé l'« Assassin au visage de bébé », le jeune boxeur perdit son premier combat pour l'obtention du titre contre le champion poids léger Sammy Mandell. Au cours des cinq années suivantes, McLarnin battit Mandell deux fois, de même qu'une série d'autres boxeurs de premier plan.

En 1933, McLarnin gagna son premier titre mondial contre le champion mi-moyen Young Corbett III par K.O. au premier round. Il perdit le titre contre Barney Ross en 1934 à la suite de 3 combats épiques de 15 rounds à New York : Ross gagna le premier combat ; quatre mois plus tard, McLarnin regagna son titre, puis il perdit le dernier combat par une décision serrée aux points.

McLarnin prit sa retraite en 1936, alors qu'il n'avait que 29 ans. Soixante ans plus tard, le *Ring Magazine* le proclama cinquième poids mi-moyen de tous les temps.

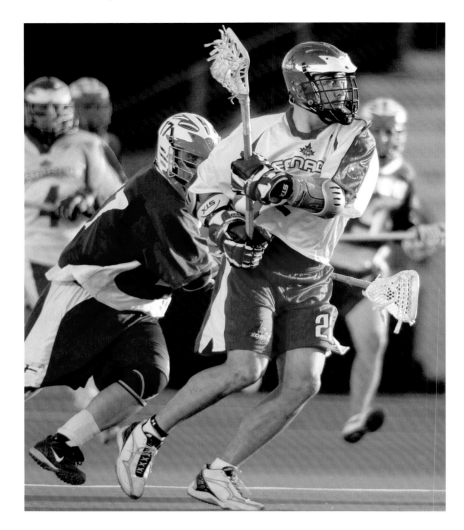

HONNEURS

· Joueur le plus utile de la NLL – 1995, 1996,
  1997, 1999 et 2003
· Temple de la renommée de la crosse des
  États-Unis – 2005
· Temple de la renommée de la NLL – 2006
· Trophée de l'esprit sportif de la NLL – 2004
  et 2005
· Retrait du chandail numéro 22 par le
  Mammoth du Colorado – 2005

79 Gary Gait

1967 (Victoria, Colombie-Britannique) –

GARY GAIT EST CONSIDÉRÉ comme le meilleur joueur de crosse de tous les temps. Réputé pour ses jeux électrisants, le demi vedette a battu tous les records de pointage de la NLL, mené des équipes à des séries de victoires de championnat et même inventé une version du *slam dunk* du basket-ball propre à la crosse.

À ses débuts dans les rangs professionnels en 1991, Gait remporta le titre de recrue de l'année de la NLL. Les 15 records qu'il a établis au cours de sa carrière comprennent ceux du plus grand marqueur de tous les temps (1091 points), du plus grand nombre de buts (596), du plus grand nombre de buts en une saison (61) et du plus grand nombre de points au cours d'un match (14). Il a par ailleurs remporté cinq fois le titre du joueur le plus utile de la ligue.

Gait joua pour le Canada de 1990 à 2006. Au Championnat du monde de 2006, il mit fin à sa carrière internationale avec quatre buts au quatrième quart pour mener le Canada à une victoire historique contre les États-Unis.

En compagnie de son jumeau identique, Paul, qui est aussi un joueur d'exception, Gait a étendu la popularité de la crosse en Amérique du Nord. On se souviendra aussi de Gait pour sa signature unique : l' «attaque aérienne de Gait», où il exécutait un saut acrobatique au-dessus de la ligne derrière le filet de 1,80 m (6 pi) et, depuis les airs, propulsait la balle dans le filet.

Gait sortit de sa retraite en 2009 pour jouer durant la saison inaugurale des Nationals de Toronto de la Major League Lacrosse (MLL).

HONNEURS

· Trophée Hart – 1933, 1935, 1936 et 1938
· Temple de la renommée du hockey – 1947
· Trophée Lester Patrick – 1970
· Panthéon des sports canadiens – 1975
· Retrait du chandail numéro 2 par les Bruins de Boston
· La plaque Eddie Shore est décernée annuellement au
  joueur défensif par excellence de la LAH.

78 Edward « Eddie » Shore

1902 (Fort Qu'Appelle, Sakatchewan) – 1985
EDDIE SHORE – l'un des premiers durs à cuire du hockey – était respecté pour son talent de marqueur et ses montées à l'emporte-pièce d'un bout à l'autre de la patinoire, mais on craignait aussi ses mises en échec à rompre les os.

Shore se joignit aux Caps de Regina de la Ligue canadienne de hockey de l'Ouest (LCHO) en 1925 et, l'année suivante, il endossa les couleurs des Eskimos d'Edmonton (alors un club de hockey). À Edmonton, il trouva sa position naturelle à la défense, ce qui lui valut son surnom d' « Edmonton Express ».

La LCHO disparut en 1926 et les Bruins de Boston, de la LNH nouvellement constituée, accueillirent Shore. Son style agressif et son étincelant maniement de la rondelle firent sensation à Boston ; durant sa première saison, il purgea 130 minutes de pénalité, mais marqua 12 buts. L'année suivante, il consolida sa réputation de fier-à-bras en écopant de 165 minutes de pénalité, un record. Deux ans plus tard, le jeu résolu et le style dominant de Shore contribuèrent à la première Coupe Stanley des Bruins. Shore remporta quatre fois le trophée Hart – un record pour un joueur de défense. En 1939, alors que Shore jouait sa dernière saison complète à Boston, les Bruins gagnèrent leur deuxième Coupe Stanley.

L'année suivante, Shore acheta sa propre équipe, les Indians de Springfield dans la Ligue américaine de hockey (LAH), devenant ainsi joueur-propriétaire qui participait à des matchs choisis des Bruins (et, plus tard, des Americans de New York de la LNH).

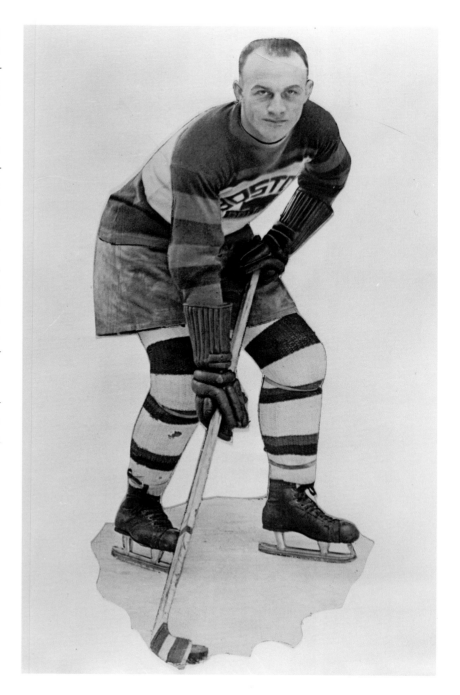

77 Jamie Salé & David Pelletier

1977 (Calgary, Alberta) –,
1974 (Sayabec, Québec) –

JAMIE SALÉ ET DAVID PELLETIER, le duo de patinage artistique le plus envoûtant du Canada, avaient le vent dans les voiles en se rendant aux Jeux de 2002 à Salt Lake City. Les champions du monde en exercice détenaient neuf titres consécutifs et espéraient qu'un tel élan mènerait à la première médaille d'or d'un couple non russe depuis les Jeux de 1960.

Mais ce ne fut pas le cas. Oh, attendez... Oui, ce fut le cas.

Salé et Pelletier s'associèrent en 1998. Deux ans plus tard, ils obtinrent une quatrième place aux Championnats du monde et une première aux Championnats canadiens avec cinq notes parfaites de 6,0. De retour aux Championnats du monde, ils remportèrent le titre en 2001.

À Salt Lake City, Salé et Pelletier exécutèrent un programme long irréprochable qui leur valut immédiatement une ovation debout. Pelletier embrassa la glace, tandis que la foule en délire scandait : «Six! Six! Six!» Extatique, Chris Cuthbert de la CBC déclara : «L'une des grandes performances en patinage de l'histoire des Jeux!»

Lorsque les scores s'affichèrent, ils plaçaient le couple derrière la performance imparfaite des Russes. L'onde de choc fut instantanée : Salé et Pelletier firent la une des journaux et devinrent des célébrités immédiates. Après une enquête qui mena à la suspension d'une juge française pour avoir échangé son vote, Salé et Pelletier partagèrent la médaille d'or avec le couple russe. Le couple héroïque passa dans les rangs professionnels après les célébrations postolympiques en leur honneur d'un océan à l'autre.

HONNEURS

· Joueuse de première année de l'année du magazine *Soccer America* – 2002
· Athlète senior de l'année de Sport BC – 2002, 2005 et 2006
· Joueuse de l'année de la WCC – 2002, 2004 et 2005
· Joueuse canadienne de l'année – 2005
· Coupe Honda-Broderick – 2005
· Athlète féminine de l'année de la WCC – 2006
· Joueuse « All-American » universitaire de l'année du CoSIDA – 2006
· Athlète féminine de l'année Adidas/NSCAA – 2006
· Trophée M. A. C. Hermann – 2004 et 2005

76 Christine Sinclair

1983 (Burnaby, Colombie-Britannique) –
L'ATTAQUANTE CHRISTINE SINCLAIR a fait
plus que toute autre joueuse pour donner plus
de visibilité au soccer féminin au Canada. La
talentueuse mais modeste capitaine de l'équipe
nationale a marqué plus de 100 buts à l'occasion
de plus de 135 matchs internationaux – dans
tous les cas, ces chiffres sont exceptionnels.

Sélectionnée pour l'équipe provinciale des
moins de 14 ans alors qu'elle avait seulement 11 ans,
Sinclair s'est jointe à l'équipe nationale senior en
2000, à l'âge de 16 ans, et elle y est devenue une
force dominante. Avec huit buts en six matchs, Sinclair mena le Canada à une médaille de bronze aux
Jeux panaméricains de 2007 et, à Pékin en 2008,
elle pilota le Canada jusqu'aux quarts de finale ;
c'était alors la première présence de l'équipe
nationale féminine de soccer aux Jeux olympiques.

Sinclair a aussi été une joueuse hors pair sur le
circuit universitaire des États-Unis. Durant sa première année à l'Université de Portland, elle a été la
meilleure marqueuse de la ligue, sélectionnée dans
l'équipe d'Étoiles et nommée meilleure joueuse de
première année par le magazine *Soccer America*.
Elle a été trois fois la joueuse de l'année de la Conférence de la côte Ouest du circuit universitaire
américain, a remporté deux fois le prestigieux
trophée M. A. C. Hermann et a été la meilleure marqueuse de tous les temps avec un record de 39 buts.
Par deux fois, elle a mené son équipe à la victoire au
championnat national et elle a été l'athlète féminine universitaire de l'année aux États-Unis.

Jouant à l'heure actuelle pour la FC Gold Pride
de la Ligue professionnelle de soccer féminin, Sinclair a plus que probablement une longue carrière
sportive prometteuse devant elle.

75 Gilles Villeneuve

1950 (Richelieu, Québec) – 1982

GILLES VILLENEUVE commença sa carrière professionnelle comme pilote de motoneige et fut champion du monde dans ce sport. Son intérêt se tourna ensuite vers la course automobile et il rejoignit le circuit Atlantique en 1974, où il remporta le championnat en 1976 et 1977.

Le style agressif de Villeneuve attira l'attention en Formule 1 et, en 1977, il entra dans l'écurie McLaren. Il passa chez Ferrari – on y était plus à l'aise avec son style casse-cou – et signa sa première victoire en Formule 1 devant son public en délire au Grand Prix de Montréal en 1978.

Il remporta trois courses et finit deuxième au classement cumulatif en 1979. En 1981, il gagna deux fois, puis arracha une troisième et héroïque victoire devant son public québécois, en parcourant le dernier tour avec un véhicule endommagé et une vision réduite.

Adoré par les amateurs parce qu'il prenait de grands risques sur le circuit et que, hors piste, il était un gentleman respirant la joie de vivre, Villeneuve entreprit la saison 1982 avec le poids de grandes attentes sur ses épaules. Lors des qualifications pour le Grand Prix de Belgique, il établit un record de circuit – une vitesse foudroyante de 272 km/h –, mais un cruel accident lui coûta la vie à 32 ans. Plus de 25 000 personnes assistèrent à ses funérailles.

Son fils Jacques, qui n'avait que 11 ans à la mort de son père, est l'un des autres très grands coureurs automobiles canadiens de l'histoire.

HONNEURS

· Membre de l'Ordre de l'Empire britannique – 1946
· Temple de la renommée du hockey – 1947
· Panthéon des sports canadiens – 1975
· Le trophée Cyclone Taylor est décerné
  annuellement au joueur le plus utile des Canucks
  de Vancouver depuis les années 1970.

74 Fred « Cyclone » Taylor

1883 (Tara, Ontario) – 1979

LES AMATEURS DE HOCKEY de Vancouver se plaignent de n'avoir jamais remporté la Coupe Stanley... mais ils sont dans l'erreur. La première super vedette nationale du hockey, le magnifique patineur et défenseur devenu attaquant Cyclone Taylor, mena Vancouver à sa seule et unique conquête de la Coupe.

Le rapide joueur d'avant avait grandi à Listowel, en Ontario, où il jouait au hockey dans les rangs juniors et intermédiaires. À cette époque, la LNH n'existait pas et Taylor joua à titre professionnel pendant 18 ans dans des équipes de chaque côté de la frontière et dans plusieurs ligues différentes, dont l'International Professional League, la National Hockey Association (NHA) et, enfin, la Pacific Coast Hockey Association (PCHA).

Surnommé « Cyclone » par le gouverneur général Earl Grey, Taylor était célèbre d'un océan à l'autre pour sa rapidité foudroyante et son agilité. Il mena les Sénateurs d'Ottawa de la NHA à la Coupe Stanley en 1909, puis on lui versa une somme princière pour le ramener dans l'Ouest, où il se joignit aux Millionnaires de Vancouver de la PCHA. En 1915, lors de la première série de la Coupe Stanley disputée à l'ouest de Winnipeg, Taylor marqua sept buts en trois matchs pour mener Vancouver à la victoire contre Ottawa. Il joua pour Vancouver durant neuf ans et, à répétition, remporta le titre du meilleur marqueur de la ligue. Il prit sa retraite du hockey en 1921.

HONNEURS

· Temple de la renommée de la boxe du Canada – 1955
· Panthéon des sports canadiens – 1955
· Ring Boxing Hall of Fame – 1960
· Temple de la renommée international de la boxe – 1996
· Australian Boxing Hall of Fame – 2009

73 Tommy Burns

1881 (Hanover, Ontario) – 1955

LE BOXEUR NOAH BRUSSO, le «Petit géant de Hanover», dit aussi Tommy Burns, est le seul champion du monde des poids lourds né au Canada et fut le premier champion à voyager autour du monde pour défendre son titre, l'emportant sur certains des plus féroces pugilistes de son époque.

Brusso changea son nom pour celui de Burns, à consonance écossaise, afin de cacher sa vie de boxeur à sa mère, que les combats terrifiaient. Il débuta comme poids mi-moyen en 1900 à l'âge de 19 ans. Six ans plus tard, le petit boxeur baraqué de 1,70 m (5 pi 7 po) aux puissantes épaules et à la droite percutante défia Marvin Hart, le champion du monde des poids lourds de 1,80 m (5 pi 11 po). Burns – coté à 10 contre 1 – remporta le combat et livra 11 combats au cours des 2 années suivantes pour défendre son titre de champion du monde des poids lourds.

En 1908, à Sydney en Australie, Burns devint le premier boxeur à accepter un combat de championnat des poids lourds contre un adversaire noir, l'Américain Jack Johnson. Heureusement pour Burns, il s'était assuré d'une riche bourse avant le combat, qu'il le gagnât ou le perdît, puisqu'il s'inclina devant Johnson au terme d'un affrontement sanglant de 14 rounds auquel la police dut mettre fin.

Burns prit sa retraite avec un impressionnant palmarès de 482 rounds en 57 combats, comprenant 34 K.O., 5 défaites et 8 matchs nuls.

HONNEURS

· Panthéon des sports canadiens – 2005
· Temple de la renommée olympique du Canada – 2005
· Décoration pour service méritoire du Gouverneur général – 1994

72 Steve Bauer

1959 (Saint Catharines, Ontario) –

STEVE BAUER changea la face du cyclisme au Canada. Surnommé l'« Éclair de Fenwick », du nom du village ontarien qu'il habitait, Bauer se joignit à l'équipe nationale de cyclisme en 1976 et, durant ses sept ans dans l'équipe, il fut trois fois champion national sur route.

Parvenu au circuit international, Bauer gagna l'argent aux Jeux du Commonwealth de 1982. Aux Jeux olympiques de Los Angeles, en 1984, il enthousiasma les Canadiens et surprit les Européens, qui dominaient le cyclisme, en remportant la médaille d'argent de l'épreuve sur route. C'était la première médaille olympique du Canada en cyclisme depuis 1908.

Bauer gagna les rangs professionnels après les Jeux et remporta aussitôt la médaille de bronze aux Championnats du monde de cyclisme à Barcelone. Il triompha dans de nombreuses courses internationales : Grand Prix de cyclisme en 1986 et 1987, Grand Prix des Amériques en 1988, Tour de l'Oise en 1988, Trofeo Pantalica en 1988 et Grand Prix de Zurich en 1989. Il releva aussi le défi du Tour de France ; 1985 marqua la première de ses 11 participations. Sa meilleure performance survint en 1988, quand il remporta la première étape, porta le maillot jaune durant cinq jours et finit quatrième au classement général, établissant un record canadien. En 1990, il endossa de nouveau le maillot jaune, cette fois pendant neuf jours. Il prit sa retraite en 1996.

HONNEURS
· Équipe de l'année de la Presse canadienne – 1998
· Temple de la renommée du curling du Canada – 1999
· Panthéon des sports canadiens – 2000
· Temple de la renommée olympique du Canada – 2005
· World Curling Freytag Award – 2009

71 Sandra Schmirler

1963 (Biggar, Saskatchewan) – 2000

« SCHMIRLER THE CURLER » fut une force dominante du curling féminin durant les années 1990. Née au cœur de la région du curling, Sandra Schmirler joignit les rangs du club de curling local à l'âge de 12 ans et joua dans l'équipe gagnante du championnat de curling des écoles secondaires de la Saskatchewan en 1981. En 1987, elle participa à son premier Championnat provincial.

Après avoir occupé la troisième position dans l'équipe de K. Fahlman lors du décevant Championnat de la Sakatchewan en 1990, Schmirler décida de former sa propre équipe et recruta Jan Betker pour la troisième position, Joan McCusker pour la deuxième et Marcia Gudereit pour la première. Ce fabuleux quatuor devint l'équipe d'élite du curling féminin.

En 1993, l'équipe de Schmirler remporta le Tournoi des Cœurs Scotties – le Championnat canadien de curling féminin –, puis la médaille d'or au Championnat du monde à Genève. Les quatre femmes répétèrent leur exploit en 1994 et à nouveau en 1997 : c'était une première dans l'histoire du curling, car jamais auparavant une équipe n'avait gagné trois fois le Championnat du monde.

En 1998, l'équipe de Schmirler inscrivit une nouvelle marque dans l'histoire du curling. Le sport devint une épreuve olympique officielle aux Jeux de Nagano et les Canadiens furent au comble de la joie lorsque le dernier tir phénoménal de Schmirler dans la 10ᵉ manche valut au Canada la première médaille d'or olympique au monde en curling féminin.

Sandra Schmirler est morte d'un cancer du sein en 2000 : elle n'avait que 36 ans.

70 Karen Magnussen

1952 (Vancouver, Colombie-Britannique) –
CHAMPIONNE CANADIENNE à cinq reprises, médaillée d'argent olympique et dernière
Canadienne à gagner un championnat du monde
de patinage artistique, Karen Magnussen a
réalisé des performances qui sont demeurées
inégalées pendant près de quatre décennies.

Magnussen était un prodige sur patins : elle
avait gagné le Championnat junior canadien
à 11 ans et le Championnat senior à 14 ans. À
Grenoble en 1968, alors âgée de 15 ans, elle était
la plus jeune patineuse canadienne à participer
aux Jeux olympiques. En 1969, son avenir était
remis en question. Magnussen avait subi aux
jambes des fractures de stress qui exigèrent des
plâtres durant trois mois. Elle effectua toutefois
un remarquable retour et gagna son deuxième
titre canadien. En 1971, elle enleva le titre
nord-américain et la médaille de bronze aux
Championnats du monde, puis, l'année suivante,
la médaille d'argent à ces mêmes championnats.

Magnussen contribua largement à l'éclosion
d'une ère nouvelle en patinage artistique, où
l'accent est mis sur le programme libre plutôt que
sur les figures obligatoires. Aux Jeux olympiques
de 1972, les figures comptaient pour 50 pour cent
du score total. Grâce à une performance stupéfiante, Magnussen gagna l'épreuve de patinage
libre, mais termina au deuxième rang au total des
points. Bien qu'ayant terminé septième dans le
programme libre, c'est la patineuse autrichienne
qui gagna la médaille d'or. Au cours des années
suivantes, l'importance des figures obligatoires
fut réduite à 30 pour cent, et elles disparurent
complètement au début des années 1990.

Aux Championnats du monde de 1973, Magnussen gagna la médaille d'or, ce que seulement
deux autres Canadiennes avaient réussi avant
elle et qu'aucune n'est parvenue à répéter depuis.

69 Kathy Kreiner

1957 (Timmins, Ontario) –
LE PÈRE DE KATHY KREINER était le médecin de l'équipe olympique aux Jeux d'hiver de 1968 et ses passionnantes histoires sur les descentes héroïques de Nancy Greene – couronnées de médailles – inspirèrent la jeune skieuse. Sur les traces de sa nouvelle idole, Kreiner gagna d'importantes courses en descente dès l'âge de sept ans. Elle avait quatorze ans quand on lui demanda de se joindre à l'équipe canadienne et, deux ans plus tard, en 1974, elle gagnait sa première médaille d'or en slalom géant en Coupe du monde.

Kreiner excella les deux années suivantes, pendant lesquelles elle se prépara pour les Jeux de 1976, à Innsbruck en Autriche, où elle affronterait sa principale rivale, la multiple médaillée d'or Rosi Mittermaier, d'Allemagne de l'Ouest. Mittermaier était la favorite, mais Kreiner se préparait en toute confiance pour déjouer les pronostics. À une époque où la psychologie sportive et la préparation mentale n'étaient pas monnaie courante, Kreiner consacra des heures au développement de sa concentration. La combinaison de sa concentration totale et de ses excellentes capacités athlétiques triompha : Kreiner décrocha la seule médaille d'or du Canada à ces Jeux. À 18 ans, elle était la plus jeune skieuse à remporter une médaille d'or.

Au cours des cinq années qui suivirent, Kreiner gagna cinq médailles d'or et six d'argent dans des compétitions nationales. En outre, elle se classa 22 fois parmi les 10 premières lors de 62 participations à des épreuves de la Coupe du monde – un bilan impressionnant. Kreiner prit sa retraite en 1981.

68 Nancy Garapick

1961 (Halifax, Nouvelle-Écosse) –

AUDACE, VITESSE ET JEUNESSE, voilà qui distinguaient la championne de natation Nancy Garapick.

En 1973, à 11 ans, elle était la plus jeune participante aux Jeux d'été du Canada. À 12 ans, elle gagna sa première médaille aux Championnats nationaux, et établit par ailleurs 12 records nationaux dans son groupe d'âge et, performance éblouissante, 79 records provinciaux. À 13 ans, elle battit le record du monde du 200 m dos aux Championnats canadiens de l'Est ; la même année, soit en 1975, elle gagna le titre national aux 100 et 200 m dos et, deux mois plus tard, elle décrochait des médailles d'argent et de bronze dans les mêmes épreuves aux Championnats du monde, où ses principales rivales étaient deux puissantes nageuses d'Allemagne de l'Est. Garapick eut beau battre le record du monde du 200 m dos, une concurrente la devança par 63 centièmes.

L'année suivante, Garapick représentait à nouveau le Canada, cette fois aux Jeux olympiques de Montréal. Elle remporta deux médailles de bronze et établit un record olympique dans une épreuve de qualification du 100 m dos. Par la suite, Garapick se lança dans l'épreuve individuelle quatre nages, où elle fut bientôt la plus rapide aux 100 et 200 m. Durant les 9 années où elle a fait partie de l'équipe nationale, Garapick a gagné 38 médailles aux Championnats canadiens, 17 titres nationaux et 60 médailles en compétitions internationales.

HONNEURS

· Trophée Bobbie Rosenfeld – 1975

· Trophée Velma Springstead – 1975

· Temple de la renommée olympique du Canada – 1993

· Panthéon des sports canadiens – 2008

HONNEURS

· Trophée Calder – 1951
· Trophée Vézina – 1952, 1953, 1955 et 1965
· Trophée Lester Patrick – 1971
· Temple de la renommée du hockey – 1971
· Retrait du chandail numéro 1 par les Red Wings de Detroit – 1994
· Panthéon des sports canadiens – 2008

67 Terry Sawchuk

1929 (Winnipeg, Manitoba) – 1970

LE GARDIEN DE BUT TERRY SAWCHUK fut remarquable durant les 21 saisons pendant lesquelles il joua dans la LHN et traça la voie à suivre pour les gardiens de but professionnels.

Il fit ses débuts à 16 ans chez les Red Wings juniors en 1946 et fit le saut chez les professionnels en 1950. Pendant sa première saison dans la LNH, il éblouit les fans de Detroit en jouant toutes les parties (70) et en obtenant le plus grand nombre de victoires de la ligue (44), tout en réussissant 11 blanchissages et en n'allouant qu'une moyenne de 1,99 but par partie. L'année suivante, le gagnant du trophée Calder mena son équipe à la Coupe Stanley, réalisant 4 blanchissages pendant les seules séries après en avoir réussi 12 en saison régulière.

Sawchuk gagna deux autres Coupes en trois ans avec les Red Wings avant d'être envoyé à Boston lors d'un étonnant échange. Il revint à Detroit en 1957, où il joua sept saisons, avant de déménager à Toronto où il partagea ses fonctions avec le grand Johnny Bower. Il était devant le filet lors de la victoire des Leafs qui leur permettait de remporter la Coupe en 1967, cette même saison où il avait réussi le 100e blanchissage de sa carrière.

Sawchuk prit sa retraite en 1970 avec un filet rempli de records, incluant le plus grand nombre de parties (972) et le plus grand nombre de minutes jouées (57 254), le plus grand nombre de victoires (446) et un record qu'il aura détenu jusqu'à ce que Martin Brodeur le battît en 2009 : le plus grand nombre de blanchissages dans une carrière (103). Sawchuk a eu l'une des meilleures carrières de gardien de but de tous les temps.

HONNEURS

· Trophée Art Ross – 1969, 1971, 1972, 1973 et 1974

· Trophée Hart – 1969 et 1974

· Trophée Lester B. Pearson – 1971 et 1973

· Trophée Lionel Conacher – 1972 et 1973

· Trophée Lou Marsh – 1972

· Officier de l'Ordre du Canada – 1972

· Trophée Lester Patrick – 1978

· Retrait du chandail numéro 7 par les Bruins
  de Boston – 1987

· Temple de la renommée du hockey – 1984

· Panthéon des sports canadiens – 1989
  (Équipe Canada) et 2005

66 Phil Esposito

1942 (Sault-Sainte-Marie, Ontario) –

PHIL ESPOSITO développa son talent de compteur en décochant des tirs contre son frère Tony, futur gardien de but de la LNH. Il amorça sa carrière à Chicago, mais ce fut seulement quand il se joignit à Bobby Orr et aux Bruins de Boston qu'il accéda au statut de vedette. En 1969, il devint le premier à atteindre 100 points en une saison et, en 1971, obtint un remarquable total de 76 buts et 76 aides, un record de la ligue jusqu'à l'arrivée de Wayne Gretzky. Esposito fut le premier à marquer 50 buts et plus durant 5 saisons consécutives (1970 à 1975).

Le discours émotif d'Esposito aux amateurs de hockey du Canada pendant l'historique Série du Siècle de 1972 contre l'Union soviétique est légendaire. Les spectateurs avaient hué l'équipe canadienne défaillante et Esposito profita d'une interview télévisée en direct pour demander leur appui. Les amateurs réagirent et remplirent les estrades ; l'équipe répliqua avec une victoire héroïque à couper le souffle. Esposito fut le meilleur pointeur de la série avec sept buts et six aides.

En 1975, Esposito fut cédé aux Rangers de New York. Il continua cependant de dominer, inscrivant en moyenne un point par partie.

Le total de buts (717) et de points (1590) d'Esposito lui valut longtemps le deuxième rang dans le registre des records de la LNH. Au cours des 18 saisons pendant lesquelles il a joué, le grand attaquant a représenté 3 fois le Canada dans des matchs internationaux et ramené 5 fois le trophée Art Ross au pays, un exploit remarquable.

HONNEURS

· Trophée Hart – 1928, 1931 et 1932

· Retrait du chandail numéro 7 par les Canadiens de Montréal – 1937

· Joueur de hockey par excellence du demi-siècle de la Presse canadienne – 1950

· Temple de la renommée du hockey – 1945

· Panthéon des sports canadiens – 1955

· Panthéon des sports du Québec – 1992

65 Howie Morenz

1902 (Mitchell, Ontario) – 1937

UNE VITESSE FOLLE et une passion intense caractérisaient la première superstar de la LNH, Howie Morenz.

En 1923, Morenz se joignit aux Canadiens de Montréal pour leur toute première conquête de la Coupe Stanley. Il mena l'équipe par le nombre de buts qu'il compta en séries éliminatoires et impressionna en se classant au huitième rang des compteurs.

Durant les 11 années suivantes, Morenz domina par son jeu combatif et sa fabuleuse adresse sur la glace. Il fut le meilleur marqueur des Canadiens pendant 7 saisons, remporta 2 autres Coupes Stanley, compta 270 buts et fut choisi 3 fois joueur le plus utile à son équipe. Pendant la saison 1929-1930, il marqua un incroyable total de 40 buts en 44 parties.

En 1934, les Canadiens cédèrent Morenz aux Blackhawks de Chicago, mais, en 1936, la « Comète des Canadiens » revint au bercail. Les fans des Canadiens furent transportés de joie, mais bientôt anéantis quand, lors d'un horrible accident sur la glace, Morenz se brisa une jambe à quatre endroits. Tragiquement, il fit une crise cardiaque fatale à l'hôpital. Il n'avait que 34 ans.

Une foule de 50 000 fans défila au Forum de Montréal pour rendre hommage à son héros, dont le cercueil reposait au centre de la patinoire. D'autres partisans par milliers au pays suivirent le service funèbre à la radio.

Howie Morenz fut le premier joueur dont le chandail fut retiré par les Canadiens.

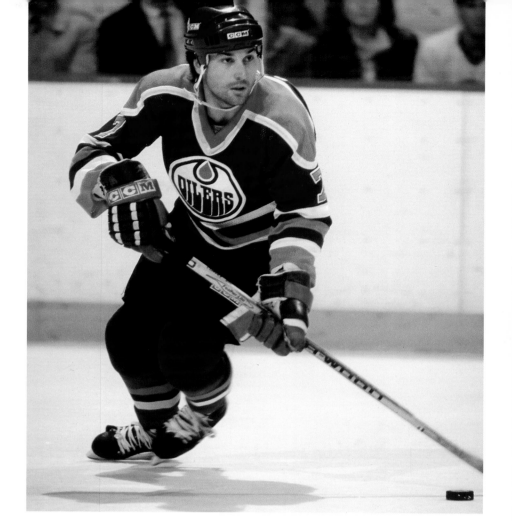

HONNEURS

· Trophée James Norris – 1985, 1986 et 1995
· Temple de la renommée du hockey – 2004
· Retrait du chandail numéro 7 par les Oilers
  d'Edmonton – 2005

64 Paul Coffey

1961 (Weston, Ontario) –

PAUL COFFEY fut l'un des joueurs les plus respectés à la ligne bleue dans la LNH. Il était reconnu pour son coup de patin très rapide et son tir impitoyable.

Les Oilers d'Edmonton repêchèrent Coffey en 1980 et lancèrent sa carrière fabuleuse en compagnie d'une bande extraordinaire de jeunes équipiers comptant notamment Wayne Gretzky, Mark Messier et Grant Fuhr.

Recrue de 19 ans, Coffey totalisa 32 points dès sa première saison. La saison suivante, un spectaculaire total de 89 points le propulsait au deuxième rang des pointeurs de la LNH, derrière Gretzky. En 1984, les ambitieux Oilers mirent la main sur leur première Coupe Stanley; cette saison-là, Coffey inscrivit 126 points et gagna le trophée Norris. Il se taillait alors une place impressionnante dans le livre des records, ayant obtenu le plus haut total de buts, d'aides et de points pour un défenseur en séries éliminatoires, et le plus grand nombre de points pour un défenseur en un seul match. Coffey joua un rôle déterminant dans le règne des Oilers et leur conquête de trois Coupes Stanley.

En 1987, Coffey fut cédé aux Penguins de Pittsburgh, où il joua avec un nouveau venu, Mario Lemieux. Ils menèrent l'équipe à sa première Coupe en 1991. Coffey fut ensuite cédé aux Kings de Los Angeles, puis aux Red Wings de Detroit, avec lesquels il gagna son troisième trophée Norris. Il joua pour 4 autres équipes et termina ses 21 années de carrière à Boston en 2001. Ses 1531 points étaient un record de carrière pour un défenseur.

63 Daniel Nestor

1972 (Belgrade, Yougoslavie) –

DANIEL NESTOR, l'as du tennis au Canada, est l'un des quatre joueurs dans le monde à avoir gagné le Grand Chelem d'or : une médaille d'or olympique en plus des quatre tournois majeurs, soit l'Open d'Australie, Roland-Garros, Wimbledon et l'US Open. Nestor, qui jouait au soccer et au basket-ball quand il était enfant, eut la piqûre du tennis quand il gagna son premier match à l'âge de 10 ans, motivé par le rêve de devenir le prochain Jimmy Connor.

Avec des échanges très rapides en zone avant, Nestor fit d'abord des étincelles au tournoi de la Coupe Davis à Vancouver, en 1992, où il battit le numéro un mondial, Stefan Edberg. Néanmoins, il préférait les matchs en double. Avec son partenaire Mark Knowles, il gagna son premier titre en 1994 contre les champions en titre de Roland-Garros. Nestor et Knowles, l'un des tandems les plus accomplis de l'histoire du tennis, atteignirent neuf fois les finales du Grand Chelem et gagnèrent trois tournois majeurs, l'Open d'Australie en 2002, l'US Open en 2004 et Roland-Garros en 2007.

Nestor se sépara de Knowles en 2007 et fit équipe avec Nenad Zimonjic, formant le duo numéro 1 sur le circuit en 2008 et gagnant à Wimbledon en 2008 et 2009. Par ailleurs, il remporta l'or aux Jeux olympiques de Sydney avec son partenaire Sébastien Lareau. Nestor remporta plus de 60 titres en tandem. Il est l'un des meilleurs joueurs en double du monde, et fut choisi sept fois joueur de tennis canadien de l'année et huit fois joueur canadien en double de l'année.

HONNEURS

· Trophée Wilson et McCall (avec Sébastien Lareau) – 2000
· Équipe en double de l'année (avec Mark Knowles) de l'Association of Tennis Professionals
  (ATP) – 2002, 2004 et 2008
· Joueur canadien en double de l'année – 2002, 2003, 2004, 2005, 2006, 2007, 2008 et 2009
· Joueur de tennis canadien de l'année – 2003, 2004, 2005, 2006, 2007, 2008 et 2009

62 Ron Turcotte

1941 (Drummond, Nouveau-Brunswick) –

RON TURCOTTE, l'un des meilleurs jockeys du monde, développa sa passion particulière pour les chevaux en guidant le cheval de somme familial qui tirait des billes de bois dans la forêt du Nouveau-Brunswick.

Meilleur jockey au Canada en 1962 avec un total de 180 victoires, Turcotte fit ses débuts en course aux États-Unis sur certains des meilleurs purs-sangs de l'histoire. Après sa victoire au Preakness en 1965, où il chevauchait Tom Rolfe, Turcotte devint un habitué du Cercle des gagnants des États-Unis. En 1972, il gagna le Wood Memorial Stakes sur Upper Case, puis mena le poulain Riva Ridge à deux victoires, au Derby du Kentucky et au Grand prix de Preakness.

En 1973, Turcotte conduisit Secretariat, le plus grand cheval de course de tous les temps, à un balayage de la Triple Couronne, le premier en 25 ans. Son temps au Derby du Kentucky (1,25 mille en moins de 2 minutes) et sa victoire par 31 longueurs au Grand Prix de Belmont sont des records qui tiennent toujours. En outre, il fut le premier jockey en 64 ans à gagner le Derby du Kentucky deux fois de suite et le seul à avoir gagné consécutivement cinq des six courses de la Triple Couronne.

La carrière de Turcotte connut un fin tragique et abrupte en 1978 quand, à la suite d'une blessure au dos survenue lors d'une chute à Belmont Park, il demeura paralysé dans le bas du corps. Tout au long de sa carrière de 18 ans, Turcotte a chevauché plus de 20 000 montures, gagné 3032 fois et amassé plus de 28 millions $ en bourses.

HONNEURS

· Membre de l'Ordre du Canada – 1974

· Trophée Sovereign de l'homme de l'année – 1978

· Trophée George Woolf du jockey – 1979

· National Horse Racing Hall of Fame (États-Unis) – 1979

· Canadian Horse Racing Hall of Fame (Toronto) – 1980

· Panthéon des sports canadiens – 1980

· Trophée Avelino Gomez – 1984

HONNEURS

· Trophée Lou Marsh – 1978
· Trophée Norton H. Crow – 1979
· Trophée John Semmelink – 1980
· Temple de la renommée olympique
  du Canada – 1984
· Panthéon des sports canadiens – 1986
· Temple de la renommée du ski du
  Canada – 1987
· Membre de l'Ordre du Canada – 1991
· Trophée Bruce Kidd du leadership
  athlétique – 2001

61 Ken Read

1955 (Ann Arbor, Michigan) –

KEN READ, le vaillant meneur des fabuleux « Crazy Canucks », domina les pentes de ski de 1970 à 1980.

Read amorça son audacieuse carrière à Val d'Isère en France, en 1975, en devenant le premier non-Européen à gagner la Coupe du monde masculine de descente. Il se classa cinquième aux Jeux olympiques de 1976 à Innsbruck et, en 1978, gagna le combiné national – descente, slalom et slalom géant. Il se distingua deux autres fois en Coupe du monde, se classant quatrième au classement général de la descente deux années de suite.

Read fut le porte-drapeau du Canada aux Jeux d'hiver de Lake Placid en 1980, mais il perdit un ski au début de sa course et ne rapporta pas de médaille au pays. Cette année-là, il gagna néanmoins deux autres descentes particulièrement difficiles en Coupe du monde et termina deuxième au classement général.

En 9 ans de carrière, Read gagna 5 courses en Coupe du Monde, finit 14 fois parmi les 3 premiers et se classa parmi les 10 premiers en 36 occasions. Il fut champion canadien cinq fois, un formidable exploit et d'autant plus extraordinaire que ses adversaires n'étaient autres que ses redoutables coéquipiers des « Crazy Canucks » Steve Podborski, Dave Irwin et Dave Murray.

HONNEURS

· Trophée Lou Marsh – 1994
· Trophée Bobbie Rosenfeld – 1994
· Trophée Velma Springstead – 1994
· Panthéon des sports canadiens – 1998
· Panthéon des sports du Québec – 2001
· Temple de la renommée olympique du Canada – 2004

60 Myriam Bédard

1969 (Neufchâtel, Québec) –
L'EXCELLENCE DE MYRIAM BÉDARD en
biathlon lui valut trois médailles olympiques
et fit de ce sport difficile, combinant le ski de
fond et le tir à la carabine, une réalité familière
au Canada.

Bédard apprit à tirer et à skier à l'âge de
15 ans dans l'uniforme des cadets de l'armée.
Elle fut championne canadienne junior de 1987
à 1989, puis, chez les seniors, remporta trois
médailles d'or, deux d'argent et une de bronze à
la Coupe du monde de 1991. Ces performances
eurent pour effet de la classer au deuxième rang
mondial, le plus haut niveau jamais atteint par
une Nord-Américaine dans ce sport dominé par
les Européens.

Aux Jeux olympiques d'Albertville en France,
en 1992 – où les femmes concouraient pour la
première fois en biathlon –, Bédard remporta
la médaille de bronze de l'épreuve de 15 km,
devenant la première médaillée canadienne en
biathlon olympique.

Quatre ans plus tard, à Lillehammer en
Norvège, Bédard souleva la foule par sa formidable performance au 15 km, qui lui valut la
médaille d'or. Son épreuve la plus mémorable
restait néanmoins à venir. Trois jours plus tard,
dans la course de 7,5 km, elle accusait un retard
de 16 secondes sur la meneuse après 5 km. Elle
puisa en elle la volonté de réduire cet écart et,
dans un ultime effort, décrocha l'or. Myriam
Bédard devenait la première Canadienne double
médaillée d'or aux Jeux olympiques d'hiver.

59 Johnny Longden

1907 (Wakefield, Angleterre) – 2003

JOHNNY LONGDEN est né en Grande-Bretagne et décédé aux États-Unis, mais les amateurs de courses de chevaux du Canada considèrent toujours avec fierté qu'il fait partie de la famille.

Ayant développé son amour des chevaux sur les pistes à proximité de Calgary, sa patrie d'adoption, Longden quitta le Canada à 20 ans pour réaliser son rêve de devenir jockey. Il vécut la plus grande partie de ses 40 ans de carrière en Californie, où il fut 3 fois (1938, 1947, 1948) premier jockey pour le nombre de courses gagnées et 2 fois (1943, 1945) premier jockey pour le nombre et la valeur des bourses remportées.

HONNEURS

· Trophée George Woolf du
  jockey – 1952
· National Museum of Racing
  and Hall of Fame (Saratoga,
  États-Unis) – 1958
· Panthéon des sports canadiens
  – 1958
· Canadian Horse Racing Hall of
  Fame (Toronto) – 1976
· Trophée Avelino Gomez – 1985

Longden obtint ses plus grandes victoires sur le dos de Count Fleet. En 1943, il remporta la Triple Couronne : le Derby du Kentucky, le Preakness et le Belmont Stakes. Dix jockeys seulement ont réussi cet exploit. En 1956, Longden, sur Arrogate, établit un record en remportant sa 4871e victoire.

Longden inscrivit sa 6000e victoire en chevauchant Prince Scorpion au Vancouver's Exhibition Park en 1965. Sa dernière course fut l'une de ses meilleures. En 1966, au San Juan Capistrano Handicap, Longden montait George Royal, cheval né et dressé en Colombie-Britannique ; revenant de l'arrière, George Royal l'emporta par une demi-tête spectaculaire ; c'était la 6032e victoire de Longden. L'année précédente, George Royal avait mené Longden à la victoire au Championnat international canadien.

Fort de son record du plus grand nombre de victoires, Longden prit sa retraite et fut entraîneur pendant 23 ans. En 1967, son Majestic Prince enleva le Derby du Kentucky et le Preakness, faisant du Canadien la seule personne ayant gagné le Derby à la fois comme jockey et comme entraîneur.

58 Marilyn Bell

1937 (Toronto, Ontario) –
L'INTRÉPIDE MARILYN BELL participait à
des marathons de nage dès l'âge de 14 ans. En
1954, l'Exposition nationale canadienne offrit
l'énorme somme de 10 000 $ à une nageuse des
États-Unis pour qu'elle devienne la première à
traverser le lac Ontario. Étant déjà une nageuse
reconnue dans les rangs amateurs – quelques
semaines auparavant, elle avait été la première
femme à terminer le marathon de 26 milles
(42 km) d'Atlantic City –, Bell prit la chose
comme un affront envers les athlètes canadiennes. Elle fit savoir qu'elle ferait la traversée
du lac Ontario en même temps que Florence
Chadwick, mais sans prime.

Âgée de 16 ans, Bell entreprit la traversée de
32 milles (51 km) à Youngstown, dans l'État de
New York, un peu avant minuit. Six heures plus
tard, son adversaire des États-Unis fut forcée
à l'abandon à cause de douleurs au ventre. Bell
lutta contre l'eau très froide, des vents violents,
des vagues de cinq mètres et des anguilles qui
lui mordaient les talons. Le public canadien
suivait sa progression d'heure en heure à la
radio, et plus de 100 000 spectateurs en délire
l'accueillirent sur la rive ontarienne du lac.
Bell avait nagé pendant une durée stupéfiante
de 20 heures et 59 minutes. La direction de
l'Exposition nationale canadienne lui remit la
somme de 10 000 $, auxquels s'ajoutèrent des
milliers de dollars offerts en cadeau par des fans
de la nageuse.

L'année suivante, Bell devint la plus jeune
nageuse à réussir la traversée de la Manche et,
l'année d'après, elle triompha du détroit de Juan
de Fuca (entre l'île de Vancouver et l'État de
Washington).

57 Eric Gagné

1976 (Mascouche, Québec) –
ÉRIC GAGNÉ se sentait naturellement chez lui sur le monticule d'un lanceur. Fan des Canadiens et des Expos durant sa jeunesse et vedette de l'équipe canadienne au Championnat du monde junior, Gagné devint l'un des plus extraordinaires lanceurs de relève du baseball majeur.

D'abord repêché par Chicago en 1994, Gagné fut cédé aux Dodgers de Los Angeles un an plus tard. Il fit ses débuts dans les ligues majeures en 1999 lorsque les Dodgers, reconnaissant son véritable talent, le mutèrent de lanceur partant à releveur. Ce ne fut cependant qu'en 2002, avec 52 victoires préservées en 77 présences, que Gagné émergea réellement comme vedette de la relève. Avec ses balles rapides foudroyantes et ses changements de vitesse époustouflants, Gagné domina la Ligue nationale en 2003. Cette année-là, avec 55 victoires préservées et 137 retraits au bâton en 82 manches, Gagné remporta le trophée Cy Young. En outre, il devint le premier lanceur à connaître plus d'une saison de plus de 50 victoires et le lanceur ayant atteint le plus rapidement la marque des 100 victoires préservées. Ses 55 victoires préservées égalaient le record de la Ligue nationale et, entre août 2002 et juillet 2004, il transforma 84 présences consécutives sur le monticule en autant de victoires préservées, un record des ligues majeures.

En 2007, Gagné signa un contrat avec les Rangers du Texas, puis fut cédé aux Red Sox de Boston. La saison suivante, il s'est joint aux Brewers de Milwaukee, mais en raison d'une série de blessures incommodantes, l'un des plus grands lanceurs de relève de fin de partie de l'histoire a été incapable, depuis ce temps, de se tailler une place au sein d'une équipe du baseball majeur.

HONNEURS

· Médaille Mike Kelly – 1959 et 1962
· Temple de la renommée de la crosse
  du Canada – 1974
· Panthéon des sports canadiens – 1982

56 Jack Bionda

1933 (Huntsville, Ontario) – 1999

JACK BIONDA excellait dans les deux sports nationaux du Canada, le hockey et la crosse, mais c'est à la crosse qu'il réalisa ses exploits les plus remarquables. Grâce à son tir impitoyable et à ses réflexes éclair, Bioda remporta 6 fois le titre de marqueur de la BC Senior League A durant ses 13 ans de carrière.

Bionda mena les Excelsiors de Brampton, en Ontario, à la Coupe Minto en 1952. Deux ans plus tard, il déménagea en Colombie-Britannique où il mena les Shamrocks de Victoria jusqu'à la Coupe Mann, tout en dominant la ligue au chapitre des buts. Il joua pour les Salmonbellies de New Westminster et les Timbermen de Nanaimo, se rendant sept fois jusqu'à la finale de la Coupe Mann et l'emportant cinq fois. En 1959, ses points totalisaient le double de ceux de son plus proche rival ; on lui décerna le trophée du Commissaire du joueur le plus utile et la médaille Mike Kelly du joueur le plus remarquable des séries de la Coupe Mann. Il reçut à nouveau la médaille Kelly en 1962, alors qu'il avait accumulé 16 points en 3 matchs, tout en menant New Westminster à la conquête de la Coupe.

Bionda se fit valoir aussi sur la glace comme solide défenseur des Maple Leafs de Toronto (1955-1956), puis des Bruins de Boston (1956 à 1959). Il manqua souvent des matchs de crosse importants à cause de ses obligations au hockey – la crosse était son sport préféré, mais le hockey payait ses factures. Il joua sept ans pour les Buckaroos de Portland, dans la Western Hockey League, remportant deux fois le championnat de la ligue.

55 Adam van Koeverden

1982 (Oakville, Ontario) –

LE KAYAKISTE DE COURSE Adam van Koeverden a remporté plusieurs médailles olympiques et il est un modèle pour les jeunes qui ne se considèrent pas comme doués pour les sports. Il a raconté : « Je me sentais mal pendant les cours d'éducation physique parce que j'étais mauvais dans tous les sports. » À 13 ans, il découvrit le kayak et trouva son filon athlétique.

À 17 ans, van Koeverden concourait déjà sur la scène internationale. Il gagna une médaille de bronze aux Championnats du monde juniors en 1999, puis, en 2000, fut champion du monde junior du marathon. En 2001, il remporta une médaille d'argent au 200 m de la Coupe du monde et, en 2003, gagna sa première médaille d'argent aux Championnats du monde au 1000 m.

Le Canada se souvient de l'excitante performance de van Koeverden aux Jeux olympiques de 2004, à Athènes. Il gagna d'abord la médaille de bronze au 1000 m, puis, trois jours plus tard, dans ce que van Koeverden qualifia de « parcours parfait », il s'empara de l'or au 500 m, devenant le premier double médaillé du Canada aux Jeux d'été depuis 1996. Il fut le fier portedrapeau du Canada à la cérémonie de clôture et fut accueilli en héros au pays.

Van Koeverden continua de gagner des championnats du monde au cours des trois années suivantes ; il en totalise 16 sur sa feuille de route. Aux Jeux de Pékin en 2008, il était favori et fut à nouveau porte-drapeau du Canada. Il remporta l'argent au 500 m, battant son propre record mondial de vitesse.

54 Steve Yzerman

1965 (Cranbrook, Colombie-Britannique) –

CHOIX DE PREMIER TOUR des Red Wings de Detroit au repêchage de 1983, Steve Yzerman obtint à sa saison inaugurale dans la LNH plus de buts et d'aides que toute autre recrue, tout en menant son équipe jusqu'aux séries éliminatoires pour la première fois en six ans.

En 1986, l'entraîneur Jacques Demers nomma Yzerman capitaine même s'il n'avait que 21 ans ; c'était le plus jeune capitaine de l'histoire du club. En 1988-1989, Yzerman marqua des points dans 70 des 80 matchs de la saison régulière, présentant un sommet de 65 buts et 90 aides, et il occupait le troisième rang de la ligue chez les meilleurs marqueurs, derrière Gretzky et Lemieux. En 1993, Yzerman afficha une sixième saison consécutive de plus de 100 points.

Yzerman compta son 500e but en 1996 et accumula 20 points en 18 matchs des séries éliminatoires. La saison suivante, il mena les Red Wings dans leur quête victorieuse de la Coupe Stanley – leur première en quatre décennies – et il répéta l'exploit en 1998. En 2002, il conduisit de nouveau les Red Wings jusqu'à la Coupe Stanley – leur troisième conquête en six ans ; ce faisant, il devenait l'un des trois joueurs à avoir remporté la Coupe Stanley et une médaille d'or olympique la même année.

Le « Capitaine » a pris sa retraite en 2006. Il détient le plus grand nombre d'aides chez les Red Wings, devançant Gordie Howe, et il reste celui qui aura été capitaine d'une équipe le plus longtemps dans la LNH. Yzerman a remporté de nouveau l'or en 2010, à titre de directeur général d'Équipe Canada aux Jeux olympiques de Vancouver.

HONNEURS

· Trophée Lester B. Pearson – 1989
· Trophée Conn Smythe – 1998
· Trophée Frank J. Selke – 2000
· Trophée Bill Masterton – 2003
· Trophée Lester Patrick – 2006
· Retrait du chandail numéro 19 par les Red Wings de Detroit – 2007
· Panthéon des sports canadiens – 2008
· Temple de la renommée du hockey – 2009

53 Ian Millar

1947 (Halifax, Nouvelle-Écosse) –

HONNEURS

· Membre de l'Ordre du Canada
  – 1986

· Temple de la renommée
  olympique du Canada – 1990

· Panthéon des sports canadiens
  – 1996

DANS LE MONDE RAFFINÉ DES SPORTS ÉQUESTRES, Ian Millar fait figure de géant. Cavalier le plus décoré de l'histoire canadienne, Millar domine les concours équestres en saut d'obstacles au Canada depuis près de 40 ans.

Apparemment, Millar développa sa passion pour l'équitation à un jeune âge : il s'exerçait sur le banc du piano familial avant de monter son premier cheval. Nommé au sein de l'équipe équestre canadienne en 1971, il a depuis remporté 10 fois le Championnat canadien de saut d'obstacles.

Millar a remporté ses plus grandes victoires sur le cheval légendaire Big Ben. Ensemble, ils ont représenté le Canada à sept Coupes des Nations victorieuses et ils ont été le premier tandem cheval-cavalier à remporter deux finales consécutives de la Coupe du monde (1988 et 1989). Millar et Big Ben ont récolté plus de 40 victoires dans les Grands Prix, dont 2 fois à Spruce Meadows, le Grand Prix doté de la plus grosse bourse. Le tandem victorieux a engrangé plus de 1,5 million $ en prix (le total de carrière de Millar dépasse les 2,2 millions $).

Millar a concouru à neuf Jeux olympiques, un record du monde, tous sports confondus. Aux Jeux de Pékin, en 2008, chevauchant In Style, il a assuré une médaille d'argent à l'équipe canadienne ; il avait 61 ans. Le cavalier émérite entend concourir pour le Canada avec son fils et sa fille aux Jeux de Londres en 2012.

HONNEURS

· Trophée Lou Marsh – 1979
· Trophée Bobbie Rosenfeld – 1979 et 1980
· Panthéon des sports canadiens – 1988
· Temple de la renommée de l'Association royale de golf du Canada – 1988
· Membre de l'Ordre du Canada – 2003

52 Sandra Post

1948 (Oakville, Ontario) –

SANDRA POST a tenu son premier bâton de golf à l'âge de cinq ans et, quoiqu'elle eût un amour profond du patinage artistique, elle développa une fascination définitive pour les verts. La grande golfeuse fut championne junior de l'Ontario à 15 ans et championne junior nationale à 16 ans ; elle remporta chacun de ces titres 3 fois. Elle joignit les rangs des professionnels à 19 ans et, six mois plus tard, causa tout un émoi dans le monde du golf en battant la grande Kathy Whitworth et en devenant à la fois la plus jeune et la première championne de la Ladies Professional Golf Association (LPGA) qui n'était pas originaire des États-Unis.

Après des débuts brillants – elle fut la recrue de l'année de la LPGA et du Golf Digest en 1968 –, Post batailla pendant une bonne partie des années 1970 pour regagner sa position enviée. En 1978 et 1979, elle réalisa un retour spectaculaire en gagnant la Classique Dinah Shore deux années de suite ; elle était la première golfeuse à remporter des victoires consécutives à ce prestigieux tournoi. Post fut au sommet de son art durant les saisons suivantes avec sept victoires de 1978 à 1982.

Post s'est retirée de la compétition professionnelle en 1984. En 16 ans de carrière, elle a remporté 8 tournois de la LPGA – ce qui demeure le plus grand nombre par une Canadienne – et occupé la deuxième place à 20 reprises, dont une fois à l'éprouvant US Women's Open.

51 George Knudson

1937 (Winnipeg, Manitoba) – 1989

GEORGE KNUDSON, le légendaire «Roi de l'élan» canadien, régna sur les parcours de golf pendant plus d'une décennie. La constance de l'élan parfait de Knudson, qui était un technicien remarquable, lui valut de multiples championnats nationaux et internationaux et distingua le Canada sur la scène internationale du golf.

En 1954, à 17 ans, Knudson remporta le titre junior du Manitoba. L'année suivante, il répéta son exploit, puis s'empara du titre junior du Canada. Trois ans plus tard, il passa professionnel et, en 1961, se joignit au circuit de la Professional Golfers' Association (PGA). Il remporta sa première victoire à l'Omnium Coral Gables dès son année initiale sur le circuit. Il arpenta le circuit professionnel pendant 11 ans, gagnant 8 tournois – le plus grand nombre par un golfeur canadien – et remportant la victoire à la Coupe du monde en 1968.

Knudson remporta cinq fois le titre de l'Association canadienne de golf professionnel (ACGP), gagna cinq fois le tournoi de l'Association royale de golf du Canada et ne termina qu'à un coup du meneur au Tournoi des Maîtres de 1969.

Réputé pour son mouvement de bras parfait, Knudson partagea sa technique par divers moyens d'enseignement, dont des livres, des vidéos et le manuel d'apprentissage de l'ACGP. Il mourut d'un cancer du poumon en 1989, âgé de 52 ans seulement. En 1999, l'Association royale de golf du Canada le nomma Golfeur canadien du XXᵉ siècle.

50 Rick Hansen

1957 (Port Alberni, Colombie-Britannique) –

AVANT MÊME SON HÉROÏQUE TOURNÉE MONDIALE intitulée «L'homme en mouvement», Rick Hansen était l'un des athlètes les plus remarquables du Canada. Après son marathon mondial en fauteuil roulant, il devint l'un des plus extraordinaires.

Élevé à Williams Lake, en Colombie-Britannique, Hansen était un sportif-né. Mais à l'âge de 15 ans, il fut éjecté de l'arrière d'une camionnette et se retrouva paraplégique. Après des mois de réadaptation, il s'entraîna intensivement en fauteuil roulant et gagna bientôt des compétitions nationales et internationales aussi bien dans des sports d'équipe que dans des disciplines individuelles.

Hansen était un compétiteur doué, excellant au racquetball et au tennis, et jouant au sein d'équipes de championnat national de volleyball et de basketball en fauteuil roulant. Il gagna par ailleurs 19 marathons internationaux de haut niveau en fauteuil roulant. Aux Jeux panaméricains en fauteuil roulant de 1982, il remporta neuf médailles d'or sur piste et établit neuf records du monde; cette même année, il se classa premier (officieusement) au Marathon de Boston. Aux Jeux paralympiques de 1984, Hansen remporta deux médailles d'or (1500 m et marathon) et une d'argent (5000 m). La même année, il gagna une médaille d'or et une d'argent aux Jeux mondiaux en fauteuil roulant.

Les 40 000 km que Hansen a parcourus lors de son marathon de deux ans autour du globe enthousiasmèrent le monde entier. De mars 1985 à mai 1987, il couvrit quotidiennement l'équivalent de trois marathons, voyageant à travers 34 pays pour recueillir plus de 26 millions $ pour la recherche médullaire.

HONNEURS

· Athlète handicapé de l'année au Canada – 1979, 1980 et 1982
· Trophée Lou Marsh – 1983
· Compagnon de l'Ordre du Canada – 1988
· Ordre de la Colombie-Britannique – 1990
· Athlète du siècle, sports en fauteuil roulant, de la Colombie-Britannique – 2000
· Panthéon des sports canadiens – 2006

· Trophée Art Ross – 1956
· Trophée Hart – 1956 et 1964
· Trophée Lionel Conacher – 1956
· Trophée Conn Smythe – 1965
· Chandail numéro 4 retiré par les Canadiens
  de Montréal – 1971
· Temple de la renommée du hockey – 1972

· Panthéon des sports canadiens – 1975
· Panthéon des sports du Québec – 1992
· Compagnon de l'Ordre du Canada – 1998
· Officier de l'Ordre national du Québec – 2006
· Le trophée Jean Béliveau est remis
  annuellement au meilleur marqueur de
  la LHJMQ depuis 1970.

49 Jean Béliveau

1931 (Trois-Rivières, Québec) –
AU SEIN DE LA LÉGENDAIRE ÉQUIPE des Canadiens de Montréal des années 1950 et 1960, évoluait un joueur de centre élégant et distingué : Jean Béliveau. Le talent du jeune Béliveau attira tôt l'attention. À 15 ans, le puissant patineur avait déjà signé un contrat avec les Canadiens, acceptant de jouer pour eux s'il devenait professionnel. Il n'était pas pressé : champion compteur de la Ligue senior du Québec, son statut d'amateur le satisfaisait. Déterminée, la direction des Canadiens alla jusqu'à acheter l'équipe de Béliveau pour en faire une équipe professionnelle. À contrecœur, Béliveau se joignit au Tricolore en 1953.

Béliveau utilisait sa taille et sa force pour exécuter avec brio des jeux savants. En 1956, flanqué de Maurice Richard et de Bert Olmstead, Béliveau mena le Tricolore à la première d'une série de cinq Coupes Stanley consécutives (au total, il en gagna sept en tant que joueur). Il gagna les trophées Art Ross, Hart et Lionel Conacher cette même année.

Le nom de Béliveau apparaît 17 fois sur la Coupe Stanley – plus que tout autre –, reflet de ses années comme joueur et administrateur de l'équipe. En 1965, il fut le premier joueur à recevoir le trophée Conn Smythe et il occupe, derrière Guy Lafleur, le deuxième rang des meilleurs pointeurs de l'histoire du club. Béliveau a été le capitaine des Canadiens pendant 10 saisons, le plus long passage dans cette fonction dans l'histoire de l'équipe.

HONNEURS

· Trophée Bobbie Rosenfeld – 1966
· Trophée Velma Springstead – 1966
· Trophée Lou Marsh – 1966
· Officier de l'Ordre du Canada – 1969
· Panthéon des sports canadiens – 1971
· Temple de la renommée olympique du
  Canada – 1971
· Le trophée Elaine Tanner est décerné
  annuellement à l'athlète féminine junior
  par excellence au Canada depuis 1972.

48 Elaine Tanner

1951 (Vancouver, Colombie-Britannique) –

À 17 ANS, ELAINE TANNER avait déjà gagné 17 championnats canadiens de natation. En 1966, elle domina les Jeux du Commonwealth en Jamaïque, raflant quatre médailles d'or et trois d'argent, et établissant deux records du monde. Cette année-là, elle reçut le trophée Bobbie Rosenfeld et devint la plus jeune athlète à recevoir le trophée Lou Marsh.

Aux Jeux panaméricains de Winnipeg, en 1967, Tanner gagna la médaille d'or au 100 m dos et au 200 m dos, établissant deux records du monde, puis elle ajouta trois médailles d'argent pour faire bonne mesure. Cette performance exceptionnelle valut à la toute petite nageuse l'adoration des fans canadiens et le surnom « Mighty Mouse ».

Le Canada n'ayant pas gagné de médaille d'or en natation olympique depuis 1928, de lourdes attentes pesaient sur les épaules de la jeune athlète inscrite aux Jeux de 1968. Tanner battit le record olympique du 100 m dos, mais une nageuse américaine fut plus rapide : la Canadienne termina deuxième. Elle quitta ces Jeux avec trois médailles : deux d'argent et une de bronze, une incroyable réussite olympique et particulièrement impressionnante, puisque l'ensemble de l'équipe canadienne n'avait gagné que cinq médailles. Toutefois, anéantie d'avoir perdu l'or, Tanner revint au pays où l'attendait un public déçu et critique. Elle prit sa retraite l'année suivante, âgée de 18 ans seulement. Néanmoins, elle demeure l'une des nageuses les plus remarquables de l'histoire canadienne.

47 Beckie Scott

1974 (Vegreville, Alberta) –
BECKIE SCOTT, la skieuse de fond nord-américaine la plus décorée, a le rare privilège d'avoir gagné des médailles olympiques de bronze, d'argent et d'or pour une seule course.

Scott a commencé à représenter le pays en 1994 et a couru aux Jeux de Nagano en 1998. Aux Jeux de Salt Lake City, en 2002, une poussée spectaculaire à la ligne d'arrivée lui a valu la médaille de bronze ; elle devenait alors la première Nord-Américaine à gagner une médaille olympique en ski de fond. Dans les mois qui suivirent, des analyses révélèrent que certaines rivales de Scott – dont les skieuses russes qui avaient terminé première et deuxième – avaient utilisé des produits dopants interdits. Scott reçut la médaille d'argent. Deux ans après la cérémonie initiale du podium à Salt Lake City, sa médaille fut officiellement ajustée à sa vraie couleur : Scott accepta la médaille d'or sur les marches de la Vancouver Art Gallery.

Bien avant Salt Lake City, la fréquence du dopage aux plus hauts niveaux du ski de fond outrageait Scott. Avec cran, elle avait pris l'initiative d'organiser une campagne pour faire le ménage dans son sport. On fit la sourde oreille à ses plaintes, jusqu'à ce que sa médaille de bronze se convertisse en une médaille d'or clairement et proprement gagnée.

En 2005 et 2006, Scott connut des saisons phénoménales avec une deuxième place au classement général et 10 podiums en Coupe du monde. Aux Jeux olympiques de Turin, en 2006, Scott et sa partenaire Sara Renner gagnèrent l'argent au sprint par équipe. En 2 décennies de compétitions internationales, Scott a gagné 17 médailles en Coupe du monde.

46 George Chuvalo

1937 (Toronto, Ontario) –

Champion de boxe du Canada pendant 18 ans, George Chuvalo se classa parmi les 10 meilleurs poids lourds du monde plus longtemps que tout autre boxeur. Ce boxeur au grand cœur, férocement déterminé, demeura sur ses pieds à chacun de ses 97 combats professionnels.

Chuvalo entra sur le ring à l'âge de 10 ans. À 18 ans, il représentait le Canada aux Jeux olympiques de 1956, mais le manque d'argent l'obligea à devenir professionnel. En 1958, il gagna son premier titre canadien chez les poids lourds et se fixa comme but la conquête ultime : champion du monde des poids lourds.

Boxeur à l'ancienne avec une mâchoire de granit, il se hissa au deuxième rang mondial en 1962. Il perdit deux combats importants (contre Floyd Patterson et Ernie Terrell) par décisions serrées et, en 1966, il partagea le ring avec le grand Mohamed Ali. Ce fut un combat épique : Ali dit de son adversaire : « Il a été l'homme le plus résistant que j'aie jamais combattu. » Néanmoins, après 15 rounds, Chuvalo perdit par décision. Lors du combat revanche en 1972, Chuvalo tint le coup pendant les 15 rounds, mais perdit de nouveau par décision.

Chuvalo prit sa retraite en 1979 avec un incroyable total de 73 victoires (dont 64 par K.O.), 18 défaites et 2 combats nuls.

Honneurs

· Panthéon des sports canadiens
  – 1990
· Temple de la renommée
  international de la boxe – 1997
· Membre de l'Ordre du Canada
  – 1998

55

45 Silken Laumann

1964 (Mississauga, Ontario) –

LA PERFORMANCE DE SILKEN LAUMANN, qui lui valut une médaille de bronze en aviron aux Jeux olympiques de 1992, demeure l'un des grands moments de l'histoire du sport canadien.

Laumann se joignit à l'équipe nationale en 1983 et, en moins de deux ans, elle connut plusieurs succès sur la scène internationale, dont une médaille d'or aux Championnats des États-Unis, une médaille d'or aux Jeux panaméricains et sa première médaille olympique : le bronze, avec sa sœur, en deux de couple aux Jeux de 1984.

Le succès de Laumann continua : médaillée d'or aux Jeux panaméricains de 1987, médaillée d'argent aux Championnats du monde de 1990 et médaillée d'or aux Championnats du monde de 1991. L'or semblait aller de soi aux prochains Jeux olympiques de Barcelone, mais quelque temps avant les Jeux, lors d'une course d'échauffement en Allemagne, une embarcation allemande heurta le bateau de Laumann. L'accident causa de sérieuses blessures à la Canadienne, au point que, selon ses médecins, elles risquaient de mettre fin à sa carrière de rameuse. Trois semaines plus tard, après cinq opérations, la tenace Laumann passait de son fauteuil roulant à sa périssoire de course et, quoiqu'elle ne pût marcher, commença à ramer. À cinq semaines des Jeux, Laumann se lança dans un vigoureux programme d'entraînement. Aux Jeux, celle qu'on promettait à la plus haute marche du podium avant son accident, mais à qui on ne donnait plus guère de chances, atteignit la finale et, dans une fin de course spectaculaire, franchit le fil d'arrivée pour remporter la médaille de bronze. C'était un exploit sans précédent.

Laumann a continué la compétition internationale après les Jeux, gagné une médaille d'argent aux Championnats du monde de 1995, puis une autre médaille olympique, également en argent, aux Jeux de 1996. Elle a pris sa retraite en 1999.

HONNEURS

· Temple de la renommée olympique
  du Canada – 1963
· Officier de l'Ordre du Canada – 1971
· Panthéon des sports canadiens – 1971
· Athlète du siècle de la Colombie-
  Britannique – 1999

44 Harry Jerome

1940 (Prince Albert, Saskatchewan) – 1982

MALGRÉ UNE SÉRIE DE GRAVES BLESSURES, Harry Jerome fut parmi les meilleurs sprinters du monde pendant près d'une décennie. Athlète doué au baseball et au football, Jerome se fit connaître par sa vitesse inégalée sur la piste. À 18 ans, il battit le record national de Percy Williams du 220 verges et, l'année suivante, il égala le record mondial du 100 m, mais ses espoirs pour les Jeux olympiques de Rome furent anéantis par une blessure.

Ayant obtenu une bourse de l'Université de l'Oregon, Jerome contribua au record du monde que l'équipe de relais de l'établissement établit. Toutefois, aux Jeux du Commonwealth de 1962, il termina dernier au 100 m, par suite d'une blessure à un quadriceps à mi-course. En dépit de la gravité des dommages – le chirurgien déclara qu'il ne courrait plus jamais –, les médias reprochèrent à Jerome son manque de ténacité. Il revint à la compétition au bout d'un an et, avec une cicatrice de 30 cm sur la cuisse, il remporta la médaille de bronze du 100 m aux Jeux olympiques de 1964 à Tokyo. Il se classa par ailleurs quatrième au 200 m, faisant taire les jugements des médias.

Jerome établit sept records du monde au cours de sa carrière et prit sa retraite en 1968, à l'issue de ses troisièmes Jeux olympiques. La prestigieuse Classique internationale d'athlétisme Harry Jerome a lieu chaque année à Burnaby, en Colombie-Britannique.

HONNEURS

· Temple de la renommée olympique du Canada – 1988
· Officier de l'Ordre du Canada – 1988
· Panthéon des sports canadiens – 1989
· Prix Emmy pour Carmen on Ice – 1990
· Temple de la renommée mondial de patinage artistique – 2009

43 Brian Orser

1961 (Belleville, Ontario) –
Double médaillé d'argent olympique,
Brian Orser est l'un des patineurs artistiques les
plus décorés du Canada.

En 1979, Orser décrocha le championnat
national junior masculin de patinage en solo à la
suite d'une performance spectaculaire : il était le
premier à réaliser un triple axel en compétition.
Deux ans plus tard, il remporta le premier d'une
série de titres nationaux – il en gagnera sept
au total –, méritant le titre de « M. Triple Axel »
pour son habileté à réussir à répétition ce saut
difficile qui séduisait la foule. Possédant un sens
naturel du spectacle, Orser éblouissait les juges
par ses performances puissantes et dynamiques.

Aux Jeux olympiques de Sarajevo, en 1984,
Orser remporta la médaille d'argent, la meilleure performance olympique canadienne en
patinage artistique jusqu'à ce jour chez les
hommes. En 1985, il gagna son cinquième titre
national en rafale avec les plus hautes notes
jamais obtenues dans cette compétition.

En 1987, Orser triompha aux Championnats
du monde en vertu d'une performance spectaculaire qui comprenait sept triples sauts, dont
deux triples axels. Cette médaille d'or était une
autre première canadienne.

Orser fut le porte-drapeau du Canada aux
Jeux olympiques de Calgary en 1988. Sur la glace,
il rata l'or par une fraction de point contre son
rival des États-Unis Brian Boitano. Les Championnats du monde de 1988 – une autre « Bataille
des Brian » – se terminèrent de la même façon.
Orser devint professionnel peu de temps après
et amorça une carrière couronnée de succès, qui
compta des émissions spéciales à la télévision, des
tournées nord-américaines et un trophée Emmy.

Aux Jeux olympiques de Vancouver, en
2010, Orser a enfin touché l'or olympique à
titre d'entraîneur de la phénoménale patineuse
Yu-Na Kim de la République de Corée.

42 Kathleen Heddle

1965 (Trail, Colombie-Britannique) –

LA NATURE RÉSERVÉE de la championne du monde d'aviron Kathleen Heddle explique qu'elle soit moins connue que sa sociable coéquipière Marnie McBean, même si elle était la force calme du tandem olympique le plus décoré de l'histoire canadienne.

Heddle commença à ramer pour l'Université de la Colombie-Britannique à l'âge de 19 ans. Elle s'éleva rapidement au niveau de l'équipe nationale et gagna une médaille d'or en couple aux Jeux panaméricains de 1987.

La discrète Heddle fut associée à l'extrovertie McBean, qui en vint rapidement à apprécier l'exceptionnel talent de sa coéquipière. En 1991, elles gagnèrent la médaille d'or en couple et en huit, et établirent un record du monde aux Championnats du monde. L'extraordinaire duo décrocha l'or aux Jeux olympiques de Barcelone en 1992 et une deuxième médaille d'or en huit.

Heddle abandonna l'aviron après 1992, mais McBean la persuada de revenir pour les Jeux d'Atlanta en 1996. Les championnes olympiques étaient soumises à la surveillance constante des médias. Heddle comptait sur McBean pour les relations avec la presse, tandis que McBean se fiait à Heddle pour les garder toutes deux concentrées sur la course. Le « vieux couple » gagna la médaille d'or du deux de couple ; Heddle et McBean devenaient ainsi les premières Canadiennes à gagner trois médailles d'or aux Jeux d'été. Ensuite, elles ajoutèrent une médaille de bronze dans le quatre de couple, ce qui fit d'elles le duo olympique canadien le plus médaillé de l'histoire.

HONNEURS

· Temple de la renommée olympique du Canada – 1994

· Trophée Wilson et McCall (avec Marnie McBean) – 1995 et 1996

· Panthéon des sports canadiens – 1997

· Médaille Thomas Keller – 1999

41 Sandy Hawley

1949 (Oshawa, Ontario) –
SANDY HAWLEY, le plus grand jockey canadien, passa la fin de son adolescence à faire marcher des chevaux dans les hippodromes de Toronto. En 1968, il devint un cavalier régulier et gagna sa première course à Woodbine. En moins d'un an, il devint le meilleur apprenti jockey d'Amérique du Nord et domina pour le nombre des victoires pendant quatre des six années suivantes. En 1973, il gagna 515 courses, devenant le premier jockey à gagner 500 courses en une année.

En 1972, Hawley déménagea en Californie, où il prospéra dans le monde des hommes à chevaux. En 1976, il reçut le prestigieux trophée George Woolf du jockey pour la qualité exceptionnelle de sa conduite personnelle et professionnelle sur piste et hors piste : on le considérait comme l'un des plus grands gentlemen dans ce sport. Cette même année, il battit le record de gains de tous les temps en courses de purs-sangs.

Hawley atteignit sa 5000ᵉ victoire en 1986 ; il était le plus jeune jockey à atteindre ce palier. Revenu en Ontario en 1988, il y gagna sa 6000ᵉ course en 1992.

À la fin de ses 31 ans de carrière, Hawley avait obtenu 6449 victoires sur 31 455 participations et comptait 4 victoires au Queen's Plate, la course de purs-sangs la plus prestigieuse du Canada.

40 Caroline Brunet

1969 (Québec, Québec) –

LA LÉGENDAIRE KAYAKISTE Caroline Brunet participa à sa première course à l'âge de 11 ans et n'en avait que 18 lorsqu'elle se présenta aux Jeux de Séoul en 1988. En 1992, elle se classa septième aux Jeux de Barcelone, puis, à la suite d'un rigoureux programme d'entraînement avec un nouvel entraîneur, elle remporta la médaille d'argent aux Jeux d'Atlanta en 1996.

Les années de compétition internationale qui suivirent composent un parcours exemplaire. Elle fut triple championne du monde en 1997 et 1999 – gagnant la médaille d'or du 200 m, du 500 m et du 1000 m en K-1 – et double championne du monde en 1998. Elle fut nommée athlète canadienne de l'année en 1999.

Brunet porta fièrement le drapeau du Canada aux Jeux de Sydney en 2000. On lui prédisait une médaille d'or, mais les rafales de vent et les eaux agitées retardèrent de cinq heures la finale du 500 m en K-1. En dépit des contretemps, Brunet pagaya jusqu'à une médaille d'argent. À 35 ans, aux Jeux d'Athènes de 2004, Brunet gagna une médaille de bronze, ce qui fit d'elle l'une des rares athlètes canadiennes de haut niveau ayant remporté des médailles individuelles à trois Jeux olympiques consécutifs.

Lorsqu'elle prit sa retraite en 2004, Caroline Brunet avait remporté 21 médailles (10 d'or, 7 d'argent et 4 de bronze) aux Championnats du monde de sprint de la Fédération internationale de canoë.

HONNEURS

· Trophée Velma Springstead
  – 1997, 1999 et 2000
· Trophée Lou Marsh – 1999
· Panthéon des sports du
  Québec – 2009
· Panthéon des sports canadiens
  – 2009
· Temple de la renommée
  olympique du Canada – 2010

39 Marc Gagnon

1975 (Chicoutimi, Québec) –

HONNEURS

· Panthéon des sports du
  Québec – 2005

· Temple de la renommée
  olympique du Canada – 2007

· Panthéon des sports canadiens
  – 2008

LA RETRAITE est l'une des décisions les plus difficiles à prendre pour les athlètes de niveau international. La superstar du patinage de vitesse courte piste Marc Gagnon a bien failli prendre cette décision trop tôt.

Pour ainsi dire, Gagnon est né avec des patins aux pieds – tout jeune, il jouait sur la patinoire où ses parents enseignaient le patinage. Dès l'âge de 14 ans, son talent sautait aux yeux et, à 17 ans, il gagna son premier titre mondial. Durant la décennie qui suivit, Gagnon fut le grand maître de la discipline : quatre fois champion du monde et deux fois médaillé olympique (bronze à Lillehammer et or au relais à Nagano).

À Nagano, Gagnon fut disqualifié au 1000 m et fit une chute dans le 500 m. Il repartit malheureux, déclarant avec amertume : « Je suis déçu au point que je crois que j'en ai terminé avec le patinage de vitesse. »

Pourtant, Gagnon était loin d'être fini. Un an plus tard, il annonça son retour et tourna son regard vers les Jeux de 2002 à Salt Lake City. Sa performance au 1500 m lui ayant mérité la médaille de bronze, sa confiance en soi fut galvanisée. Il se prépara pour le 500 m et, à la suite d'une spectaculaire remontée, décrocha l'or. Une deuxième médaille d'or suivit 90 minutes plus tard quand il assura la victoire de son équipe au relais 5000 m ; c'était sa cinquième médaille olympique. En 2002, Gagnon devint donc l'athlète canadien le plus décoré de l'histoire aux Jeux d'hiver (il sera dépassé à ce titre en 2006 par sa coéquipière patineuse de vitesse Cindy Klassen) ; ce fabuleux exploit avait failli ne jamais se produire.

HONNEURS

· Trophée Conn Smythe – 1984
· Trophée Hart – 1990 et 1992
· Trophée Lester B. Pearson – 1990 et 1992
· Temple de la renommée du hockey – 2007
· Panthéon des sports canadiens – 2009
· Trophée Lester Patrick – 2009

· Retrait du chandail numéro 11 par les Oilers
  d'Edmonton (2007) et les Rangers de New York (2006)
· Le trophée Mark Messier est décerné annuellement
  depuis 2006 à un joueur de la LNH qui a fait preuve
  de leadership et apporté une contribution positive à la
  société.

38 Mark Messier

1961 (Edmonton, Alberta) –
OUTRE QU'IL TOTALISE plus de points en carrière que tout autre joueur de la LNH – exception faite de Gretzky, bien sûr –, Mark Messier était réputé pour sa puissance, sa passion et ses inestimables qualités de meneur.

Son père jouant au hockey, Messier grandit sur une patinoire. À 16 ans et pesant déjà plus de 90 kilos (200 lb), le puissant et talentueux patineur – surnommé l'« Orignal » – tenta d'abord sa chance dans l'AMH. Après une saison avec les Racers d'Indianapolis et les Stingers de Cincinnati, il fut repêché en 1979 par l'équipe de sa ville d'origine, les Oilers d'Edmonton.

Messier fut une vedette des Oilers pendant leurs années de gloire de la fin de la décennie 1980 et un rouage majeur des fabuleux succès de l'équipe en séries de la Coupe Stanley : les Oilers décrochèrent le précieux trophée quatre fois en cinq ans (1984 à 1988). Messier reçut le trophée Conn Smythe en 1984 et, en 1990, fut le capitaine qui mena les Oilers à leur cinquième Coupe Stanley. Il fut cédé aux Rangers de New York en 1991 et mena son nouveau club à sa première Coupe Stanley en 54 ans.

Messier représenta le Canada à trois tournois de la Coupe Canada, un Championnat du monde et une Coupe du monde. En 1998, il marqua le 600e but de sa carrière et, en 2004, il dépassa le total des points de Gordie Howe. Messier fut l'un des plus grands joueurs et leaders du hockey professionnel : il prit sa retraite après avoir engrangé 1877 points au cours de sa carrière (694 buts et 1193 aides).

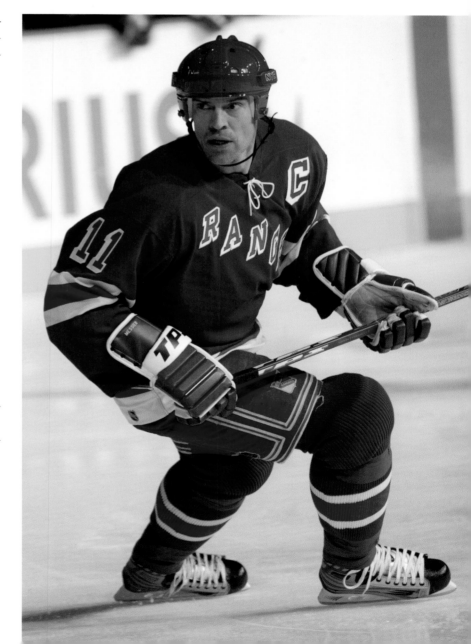

HONNEURS

· Trophée Conn Smythe – 1986, 1993 et 2001
· Trophée William M. Jennings – 1987, 1988, 1989, 1992 et 2002
· Trophée Vézina – 1989, 1990 et 1992
· Trico Goaltending Award – 1989 et 1990
· Temple de la renommée du hockey – 2006
· Retrait du chandail numéro 33 par l'Avalanche du Colorado (2003) et les Canadiens de Montréal (2008)

37 Patrick Roy

1965 (Sainte-Foy, Québec) –

PENDANT 19 SAISONS, le légendaire Patrick Roy domina la LNH avec ses réflexes extraordinaires, son caractère bouillant et son incroyable aptitude à jouer sous pression. Roy popularisa le style papillon de Glenn Hall devant le filet, tout en battant des records et en menant son équipe à quatre Coupes Stanley.

Roy conduisit d'abord les Canadiens de Sherbrooke, dans la Ligue américaine, à leur unique conquête de la Coupe Calder en 1985. En 1986, la recrue de 20 ans des Canadiens de Montréal afficha une exceptionnelle moyenne de 1,92 but accordé en 20 matchs de séries éliminatoires. L'exploit lui valut le trophée Conn Smythe, qui fit de lui le plus jeune lauréat de ce trophée dans l'histoire de la LNH. Surnommé « Saint Patrick », Roy fut accueilli en héros par les Montréalais.

Le gardien vedette remporta son second trophée Conn Smythe à la suite des séries de la Coupe Stanley de 1993 contre les Kings de Los Angeles menés par Gretzky. Deux ans plus tard et après 11 saisons avec les Canadiens, Roy se retrouva avec l'Avalanche du Colorado, qu'il aida à remporter la première Coupe Stanley de son histoire. Durant les séries éliminatoires 2000-2001, Roy garda le but si brillamment pour l'Avalanche qu'il termina avec une moyenne de 1,70 but accordé et une moyenne de victoires de ,934, qui lui valurent son troisième trophée Conn Smythe et sa quatrième Coupe Stanley.

Quand il a pris sa retraite en 2003, Roy était le meilleur gardien de but de la LNH au chapitre du nombre de victoires au cours d'une carrière (551) et de parties jouées (1029); en outre, il détenait de nombreux records des séries éliminatoires.

HONNEURS

· Panthéon des sports canadiens – 1955
· Temple de la renommée olympique du Canada – 1960
· Athlète canadien du 20ᵉ siècle du magazine *Maclean's* – 1999
· Le prix Tom Longboat est décerné annuellement aux meilleurs
  athlètes masculin et féminin des Premières Nations depuis 1951.

36 Tom Longboat

*1887 (Réserve Six Nations of the
Grand River, Ontario) – 1949*

AU TOURNANT DU XXᴱ SIÈCLE, les plus célèbres athlètes canadiens n'étaient pas des joueurs de hockey mais des coureurs. Le marathonien et champion du monde Tom Longboat était le plus grand d'entre eux.

Longboat courut sa première épreuve de 5 milles (8 km) à 18 ans. Deux ans plus tard, il gagna le marathon de Boston de 1907, retranchant cinq minutes au record d'alors – un temps stupéfiant. Il eut droit à un accueil triomphal à son retour à Toronto – on lui remit les clés de la ville et lui promit 500 $ pour ses études (qu'il ne reçut jamais, mais la somme et les intérêts furent versés à ses enfants en 1980).

Le programme d'entraînement de Longboat, alternant séances énergiques et mises en forme légères, est considéré comme efficace de nos jours, mais il était si inhabituel au tournant du siècle dernier que des entraîneurs et des journalistes le traitaient de paresseux. Néanmoins, la foule adorait regarder les longues foulées et les finales explosives de Longboat. Après sa victoire à Boston et une saison de courses où il avait battu plusieurs records, Longboat était le favori pour gagner le marathon des Jeux de Londres en 1908, mais au 20ᵉ mille, il s'évanouit dans la chaleur accablante, ce qui mettait fin à sa course.

Longboat passa chez les professionnels et participa à une série de duels au Madison Square Garden contre les gagnants des Jeux de 1908. Dans le dernier duel, aux acclamations de la foule debout, il se détacha de l'Anglais Alfie Shrubb au dernier mille, et devint le premier champion du monde de marathon.

HONNEURS

· Joueur le plus utile de la Ligue américaine – 2006
· Trophée Silver Slugger – 2006 et 2008
· Trophée Tip O'Neill – 2006 et 2008
· Trophée Lionel Conacher – 2008

35 Justin Morneau

1981 (New Westminster, Colombie-Britannique) –
LA VEDETTE DU BASEBALL MAJEUR Justin Morneau a bien failli choisir de faire carrière au hockey.

À 17 ans, le jeune athlète était le troisième gardien de but des Winter Hawks de Portland, de la Western Hockey League (WHL). Plutôt que d'attendre qu'on lui accorde plus de temps de glace, Morneau se consacra à sa deuxième passion, le baseball.

Morneau avait joué dans l'équipe nationale en 1997 et 1998, et remporté les honneurs du frappeur par excellence et du receveur par excellence aux Championnats nationaux. En 1999, il attira l'attention des Twins du Minnesota et fit ses débuts dans le baseball majeur en juin 2003, à l'âge de 22 ans.

Morneau gagna sa place comme joueur partant au premier but en 2004. En 2006, il domina son équipe avec 34 coups de circuit et se classa deuxième dans la ligue pour ses 130 points produits, ce qui lui valut le trophée du joueur le plus utile de la Ligue américaine; il était le premier joueur canadien à remporter cet honneur.

Morneau signa un contrat de 6 ans de 80 millions de dollars en 2008, le plus long et le plus gros contrat de l'histoire des Twins. Il connut une saison étincelante avec un match de 5 coups sûrs – un sommet de carrière –, un nombre respectable de 23 coups de circuit et 129 points produits. En septembre 2009, une fracture de stress au dos le força à accrocher son gant pour le reste de la saison. Trois fois membre de l'équipe d'Étoiles, Morneau approche peut-être tout juste de son zénith alors qu'il poursuit son impressionnant parcours dans le baseball majeur.

34 Bobby Hull

1939 (Pointe Anne, Ontario) –

FLAMBOYANT ET RAPIDE, la « Comète blonde » changea le visage de la LNH avec son puissant lancer frappé et son jeu musclé.

Bobby Hull se joignit aux Blackhawks de Chicago en 1957. L'ailier gauche recrue connut des débuts lents : 13 buts à sa première saison et 18 à sa deuxième. La saison suivante, cependant, Hull remporta le championnat des marqueurs de la ligue avec 81 points, dont 39 buts, et les Blackhawks ramenèrent la Coupe Stanley à Chicago, la première fois en 23 ans.

En 1961-1962, Hull, totalisant 50 buts et 84 points, gagna son deuxième titre de meilleur marqueur. En 1966, il devint le premier joueur à marquer plus de 50 buts en une saison, atteignant la marque de 54 buts et 97 points pour remporter le trophée Art Ross une troisième fois.

En 1972, Hull atteignit la marque des 50 buts une cinquième fois, ce qui constituait un exploit renversant. Les Jets de Winnipeg de l'AMH vinrent frapper à sa porte, lui offrant un contrat de plus d'un million de dollars qu'il ne put refuser. Dès l'automne suivant, il comptait des buts dans la nouvelle ligue. Son contrat extravagant changea l'échelle de salaires des joueurs de hockey.

Hull brilla dans l'AMH : il fut le joueur le plus utile de la ligue en 1973 et 1975. En 1980, il prit sa retraite après avoir marqué 610 buts en 1063 matchs en saisons régulières. Bobby et son fils Brett sont le seul duo père-fils dont les noms sont inscrits à la fois sur le trophée Hart et le trophée Lady Bing.

HONNEURS

- Trophée Art Ross – 1960, 1962 et 1966
- Trophée Hart – 1965 et 1966
- Trophée Lady Bing – 1965
- Trophée Lionel Conacher – 1965 et 1966
- Trophée Lester Patrick – 1969
- Officier de l'Ordre du Canada – 1978
- Temple de la renommée du hockey – 1983
- Panthéon des sports canadiens – 1988
- Retrait du chandail numéro 9 par les Blackhawks de Chicago (1983) et les Jets de Winnipeg (en 1989), décision maintenue une fois la franchise devenue celle des Coyotes de Phoenix

33 Victor Davis

1964 (Guelph, Ontario) – 1989

INTENSE ET PASSIONNÉ, le champion de natation Victor Davis était un battant-né.

Davis apprit à nager dans les lacs ontariens et commença à participer à des compétitions à 12 ans. En 1981, âgé de 17 ans, il gagna la médaille d'or du 100 m brasse aux Championnats canadiens, le premier de 31 titres nationaux, un palmarès phénoménal.

À sa première compétition internationale – les Championnats du monde de 1982 à Guayaquil, en Équateur –, Davis établit un record du monde au 200 m brasse et remporta la médaille d'or. Peu après, aux Jeux du Commonwealth en Australie, il gagna l'or au 200 m brasse et l'argent au 100 m brasse.

Aux Jeux olympiques de Los Angeles en 1984, Davis remporta l'or au 200 m brasse en battant à nouveau le record du monde, l'argent au 100 m brasse, et il contribua fortement à la médaille d'argent du Canada au relais 4 x 100 m. C'était un remarquable exploit compte tenu que son programme d'entraînement avait été compromis de façon significative à la suite d'une mononucléose l'année précédente.

La domination de Davis se poursuivit par la conquête de deux autres médailles d'or et d'une médaille d'argent aux Jeux du Commonwealth de 1986, puis d'une médaille d'or et d'une médaille d'argent aux Championnats du monde. Avec sa médaille d'argent aux Jeux de Séoul (dans le relais 4 x 100 m 4 nages), Davis totalisait plus de médailles olympiques que tout autre nageur canadien. Il prit sa retraite l'année suivante à l'âge de 25 ans. Quelques mois plus tard, il était heurté par une voiture et perdait la vie.

HONNEURS

· Athlète en natation de l'année au Canada – 1982, 1984 et 1986

· Membre de l'Ordre du Canada – 1984

· Temple de la renommée olympique du Canada – 1985

· Panthéon des sports canadiens – 1990

· Temple international de la renommée de la natation – 1994

32 Elvis Stojko

1972 (New Market, Ontario) –

HONNEURS

· Trophée Lionel Conacher
  – 1994
· Prix Norton H. Crow – 1994
  et 1997
· Panthéon des sports canadiens
  – 2006

QUAND ELVIS STOJKO fit irruption sur la scène du patinage artistique à l'âge de 17 ans, le monde le remarqua. Sa force, sa puissance explosive et son aptitude hors pair au saut se combinèrent pour produire des performances révolutionnaires, extrêmement excitantes et très controversées.

Stojko s'entraînait à la fois au patinage artistique et au karaté – il avait obtenu sa ceinture noire à 16 ans. Sur glace, au contraire de la façon de faire traditionnelle, Stojko, tout de noir vêtu – ce qui accentuait sa musculature –, livrait sa prestation sur un rythme dynamique avec des mouvements inspirés des arts martiaux. Son style peu orthodoxe soulevait les spectateurs, mais provoquait les juges.

Les exploits techniques de Stojko étaient sans égal : il fut le premier à réaliser la combinaison quadruple-double boucle piqué et celle de la quadruple-triple boucle piqué, mais on persistait à lui attribuer des notes basses pour ses qualités artistiques. Beaucoup de gens sont d'avis que les juges ont privé délibérément Stojko de la médaille d'or aux Jeux de 1994. Il rapporta l'argent, mais une prestation identique lui mérita l'or aux Championnats du monde.

Stojko devint un héros national à la suite de sa médaille d'argent à Nagano en 1998. Ayant subi une grave blessure à l'aine avant sa performance finale, il exécuta néanmoins son programme long avec brio. C'est plié en deux par la douleur qu'il boita jusqu'au podium pour recevoir sa médaille si chèrement acquise.

Avec trois titres mondiaux et sept canadiens, de même que deux médailles d'argent olympiques, Stojko a changé à jamais l'esthétique du patinage artistique.

31 Martin Brodeur

1972 (Montréal, Québec) –

LE NOM DE MARTIN BRODEUR est synonyme de records. Sa longue liste de records de la ligue et d'équipe comprend le plus de victoires dans une carrière, le plus de victoires en une saison et le plus de blanchissages en saison régulière et le plus de blanchissages dans une carrière. Toutefois, il se peut que l'exploit le plus cher au cœur de Brodeur soit survenu en 1997 quand il marqua contre les Canadiens de Montréal, devenant le seul gardien de but de la LNH à compter un but gagnant.

Brodeur a été formé par son père, Denis Brodeur, gardien de but de l'équipe canadienne qui avait gagné la médaille de bronze aux Jeux olympique de 1956 et, ultérieurement, photographe officiel des Canadiens.

Martin, qui joue avec les Devils du New Jersey depuis le début de sa carrière dans la LNH, fut désigné recrue de l'année en 1994. Son style hybride distinctif – combinaison de style debout à l'ancienne et de style papillon sur les genoux – exige de l'agilité, une mobilité exceptionnelle et un gant vif comme l'éclair ; en outre, ce double atout lui donne un avantage imprévisible sur les tireurs adverses.

À trois reprises, Brodeur a mené les Devils à la Coupe Stanley : en 1995, 2000 et 2003. Il a gardé les buts aussi pour les équipes canadiennes médaillées d'or et d'argent à la Coupe du monde et pour la spectaculaire équipe olympique de 2002 qui remporta l'or. Il fut de nouveau le principal gardien de but aux Jeux olympiques de 2006, puis partagea la fonction dans l'équipe olympique victorieuse de 2010 à Vancouver.

Sélectionné 10 fois sur l'Équipe d'étoiles, Brodeur s'est hissé dans un univers de records semblable à celui de Gretzky, jouant dans une sphère où il n'a pas d'égal et ne peut que défier ses propres standards. Les exploits à venir de ce futur membre du Temple de la renommée ne seront peut-être jamais égalés, lui assurant la place du meilleur gardien de but de la LNH de tous les temps.

HONNEURS

· Trophée Calder – 1994

· Trophée William M. Jennings – 1997, 1998, 2003 et 2004

· Trophée Vézina – 2003, 2004, 2007 et 2008

30 Catriona Le May Doan

1970 (Saskatoon, Saskatchewan) –
LA PATINEUSE DE VITESSE Catriona Le May Doan a déjà dit : « Il est plus difficile d'être toujours bonne qu'excellente une seule fois. » Elle a toutefois fait beaucoup mieux, atteignant l'excellence chaque fois qu'elle a mis le pied sur l'anneau de vitesse.

Le May Doan patina pour le Canada aux Jeux Olympiques d'hiver de 1992 et de 1994 et, en 1996, elle gagna le 500 m sprint aux Championnats du monde. Elle répéta cette victoire et ajouta le 1000 m aux deux Coupes du monde qui suivirent. Aux Jeux olympiques de Nagano, en 1998, elle remporta la médaille d'or au 500 m et celle de bronze au 1000 m. Elle termina première au classement général de la Coupe du monde dans les deux épreuves, une domination en longue piste qui allait se poursuivre les quatre années suivantes.

Aux Jeux olympiques de 2002 à Salt Lake City, Le May Doan porta fièrement le drapeau du Canada à la cérémonie d'ouverture. Elle établit un record du monde au 500 m, qui lui valut la médaille d'or. C'était une réussite exceptionnelle, car c'était la première fois qu'une athlète olympique canadienne défendait un titre olympique individuel avec succès. Elle gagna de nouveau l'or aux Championnats du monde cette année-là et remporta le titre global en Coupe du monde.

Le May Doan a pris sa retraite en 2003 avec les records canadien, mondial et olympique du 500 m. Au long de sa carrière, elle a battu 13 fois des records du monde, une réussite phénoménale.

HONNEURS
· Prix Norton H. Crow – 1988
· Temple de la renommée olympique du Canada – 1989
· Membre de l'Ordre du Canada – 1990
· Commandant de l'Ordre de l'Empire britannique – 2002
· Panthéon des sports canadiens – 2008
· Temple de la renommée international de la boxe – 2009

29 Lennox Lewis

1965 (Londres, Angleterre) –
LE BOXEUR POIDS LOURD canado-britannique Lennox Lewis défia les plus grands noms de la boxe et obtint une médaille d'or olympique pour le Canada.

D'Angleterre, Lennox immigra à Kingston, en Ontario, avec sa mère à l'âge de 12 ans. Il pratiqua différents sports à l'école, mais, en raison de sa longue portée, il excellait à la boxe. En 1983, âgé de 18 ans, il gagna le Championnat du monde junior de boxe, puis participa avec l'équipe canadienne aux Jeux olympiques de Los Angeles en 1984.

Après avoir gagné aux Jeux du Commonwealth de 1986 et aux Championnats nord-américains de 1987, Lewis – six fois champion amateur canadien – se présenta chez les super lourds aux Jeux olympiques de Séoul en 1988. Il eut besoin d'aussi peu que 34 secondes pour vaincre le champion en titre de la Coupe du monde, l'Allemand de l'Est Ulli Kaden, en quart de finale. Dans le combat pour la médaille d'or, il défit l'Américain Riddick Bowe par K.O. technique au deuxième round, remportant la première médaille d'or du Canada en boxe depuis 1932.

Avec une fiche chez les amateurs de 85 victoires et 9 défaites, Lewis déménagea en Angleterre où il lança sa carrière professionnelle. En 44 combats, il obtint 41 victoires (dont 32 par K.O.), battant des opposants aussi remarquables que Evan Holyfield, Mike Tyson et Donovan Ruddock. Quand il prit sa retraite en 2004, il était l'un des trois seuls champions poids lourds du monde invaincus.

28 Steve Podborski

1957 (Toronto, Ontario) –

STEVE PODBORSKI mit fin à la longue domination de l'Europe en ski alpin par ses victoires aux Jeux olympiques et en Coupe du monde.

Podborski grandit en skiant sur les pentes près de la maison familiale à Don Mills, en Ontario, et il commença la compétition à l'âge de 13 ans, dans la ligue Nancy Greene locale. En 1973, à 16 ans, il fit sa première tournée avec l'équipe canadienne nationale de ski alpin et gagna une médaille d'argent dans la première épreuve de la série Can-Am.

Podborski était le plus jeune membre – et le plus titré – des «Crazy Canucks», ce petit groupe de skieurs canadiens qu'on qualifiait de kamikazes dans les descentes les plus dangereuses du circuit mondial. En 1978, à Morzine, en France, Podborski gagna sa première compétition en Coupe du monde. Deux ans plus tard, aux Jeux olympiques de Lake Placid, il décrocha la médaille de bronze et devint le premier skieur non européen à gagner une médaille olympique.

En tout, Podborski a gagné huit descentes en Coupe du monde. Pendant son étincelante saison 1981-1982, il s'est classé trois fois premier et deux fois deuxième, ce qui lui a valu le titre en Coupe du monde de descente. Cet exploit sans précédent est demeuré unique dans l'histoire du ski nord-américain.

HONNEURS

· Prix Norton H. Crow – 1981
  et 1982
· Officier de l'Ordre du Canada
  – 1982
· Temple de la renommée
  olympique du Canada – 1985
· Panthéon des sports canadiens
  – 1987
· Temple de la renommée du ski
  du Canada – 1988
· Ontario Sports Hall of Fame
  – 2004

HONNEURS

· Trophée James Norris – 1955, 1956, 1957, 1958, 1960, 1961 et 1962
· Temple de la renommée du hockey – 1973
· Panthéon des sports canadiens – 1975
· Panthéon des sports du Québec – 1995
· Retrait du chandail numéro 2 par les Canadiens de Montréal – 1995

27 Doug Harvey

1924 (Montréal, Québec) – 1989

DOUG HARVEY – l'un des plus grands défenseurs au hockey, spectaculaire joueur complet et fabricant de jeux – se joignit aux Canadiens de Montréal en 1947. Maître du rythme, Harvey étudiait attentivement la situation sur la glace avant d'amorcer un jeu gardait une parfaite maîtrise de la rondelle grâce à son exceptionnel maniement du bâton. Il exécutait de foudroyantes passes précises ou pouvait ralentir le rythme à l'extrême.

Harvey était en quelque sorte le quart-arrière des fameux « Flying Frenchmen » des années 1950, alimentant efficacement ses légendaires coéquipiers : Maurice Richard, Jean Béliveau et Bernard Geoffrion. Ses jeux brillants étaient si déterminants en avantage numérique que les Canadiens comptaient souvent trois buts pendant une même punition, ce qui força la ligue à changer le règlement en 1956 afin de permettre au joueur puni de revenir sur la glace après un but adverse.

Harvey joua 21 saisons – dont 14 avec les Canadiens de Montréal – et gagna 6 Coupes Stanley. Il participa 11 fois au match des Étoiles et gagna 7 trophées James Norris. En 1960, il fut cédé aux Rangers de New York, qu'il mena aux séries éliminatoires à titre de joueur-entraîneur. Il remporta de nouveau le trophée Norris cette année-là, et devint le seul joueur ayant gagné un important trophée individuel tout en étant entraîneur.

HONNEURS

· Prix Norton H. Crow – 1989, 1990, 1991 et 1993
· Temple de la renommée olympique au Canada
  – 1990
· Prix Lionel Conacher – 1990, 1991
· Trophée Lou Marsh – 1990
· Membre de l'Ordre du Canada – 1990
· Panthéon des sports canadiens – 1994
· Temple de la renommée du patinage artistique
  canadien – 2000
· Temple de la renommée mondial du patinage
  artistique – 2006

26 Kurt Browning

1966 (Rocky Mountain House, Alberta) –

KURT BROWNING, élevé sur un ranch d'une petite ville albertaine, commença à patiner à l'âge de trois ans sur la patinoire familiale. Il commença la compétition à 11 ans et, en 1985, gagna le titre canadien junior masculin.

En 1988, aux Championnats du monde de patinage artistique, Browning, alors âgé de 21 ans, se classa sixième, mais fit forte impression. Sa prestation comprenait le premier quadruple saut avec boucle piqué en compétition. Il revint l'année suivante avec un programme éblouissant d'éléments techniquement difficiles, incluant son fameux quadruple saut, une séquence de triple triplé et six triples sauts. Reconnu pour son flamboyant jeu de jambes, Browning gagna le premier de trois titres mondiaux consécutifs en patinage artistique – le premier triplé de l'histoire du patinage artistique canadien.

Une blessure au dos handicapa Browning aux Jeux olympiques de 1992 à Albertville, où il termina sixième au classement général. Porte-drapeau du Canada et favori aux Jeux de Lillehammer en 1994, Browning était 12ᵉ à l'issue du programme court. Il présenta alors un spectaculaire programme long qui le hissa à la cinquième place du classement général. Pour souligner cette fabuleuse remontée, ses fans canadiens recueillirent des pièces d'or et les firent fondre pour en faire une médaille destinée à leur idole. Cet athlète envoûtant, trois fois champion olympique, quatre fois champion canadien et quatre fois champion du monde, fait l'objet d'une page dans le Livre des records Guinness pour son phénoménal quadruple saut avec boucle piqué.

HONNEURS

· Trophée de la joueuse la plus utile aux Jeux d'hiver
  du Canada – 1991
· Joueuse la plus utile du Championnat national féminin
  Esso – 1996, 1998, 1999, 2000 et 2007
· Joueuse la plus utile de la Fédération internationale
  de hockey sur glace au Championnat du monde
  féminin – 1999

· Trophée Bruce Kidd du leadership – 2000
· Joueuse la plus utile aux Jeux olympiques d'hiver
  – 2002 et 2006
· Trophée Bobbie Rosenfeld – 2007

25 Hayley Wickenheiser

1978 (Shaunavon, Saskatchewan) –
QUATRE FOIS OLYMPIENNE en une spectaculaire carrière de 16 ans (toujours en cours),
Hayley Wickenheiser est sans contredit la meilleure joueuse féminine dans l'histoire du hockey.
Cette athlète polyvalente est aussi une joueuse
d'élite de softball, qui représenta le Canada dans
ce sport aux Jeux olympiques d'été de 2000.

Intense et déterminée, avec un lancer frappé
meurtrier et une présence dominante sur la
glace, Wickenheiser se joignit à Équipe Canada
quand elle n'avait que 15 ans. Depuis, elle a
mené son équipe à 6 Championnats mondiaux
et 11 médailles d'or en Coupe des Nations. Elle
fut aussi la meilleure marqueuse et la joueuse la
plus utile lors des deux triomphales conquêtes
de la médaille d'or olympiques du Canada (en
2002 et 2006); elle avait été aussi une joueuse clé
dans l'élan qui avait mené l'équipe à la médaille
d'argent en 1998. Aux Jeux d'hiver de Vancouver,
en 2010, Wickenheiser a fièrement prononcé le
Serment de l'athlète olympique lors de la cérémonie d'ouverture. Ensuite, elle a récolté le 318ᵉ point
de sa carrière et mené son équipe à une victoire
décisive lors du match de la médaille d'or contre
les États-Unis. Meilleure joueuse de hockey au
Canada de tous les temps pour le nombre de
buts, d'aides, de parties jouées et de minutes de
pénalité, Wickenheiser détient aussi le record de
16 buts marqués au cours de matchs olympiques.

Sports Illustrated classait récemment
Wickenheiser en 20ᵉ place dans son top 25 des
athlètes les plus coriaces du monde, une inscription
qu'elle a méritée à la fois pour ses performances
dans l'équipe nationale et avoir su maintenir son
bout alors qu'elle jouait au hockey professionnel
dans des ligues masculines en Finlande et en Suède.

24 Gaétan Boucher

1958 (Charlesbourg, Québec) –

GAÉTAN BOUCHER a d'abord suivi des cours de patinage de vitesse pour améliorer ses performances au hockey, mais dès l'âge de 14 ans, il participait à des compétitions nationales sur l'anneau de vitesse. À ses premiers Jeux olympiques, à Innsbruck en 1976, il se classa sixième au 1000 m. En 1980, il était parmi les meilleurs du monde, mais l'Américain Eric Heiden était imbattable. Aux Jeux de Lake Placid, Boucher gagna l'argent au 1000 m, derrière Heiden ; ce fut l'une des deux seules médailles du Canada à ces Jeux et c'était aussi la première médaille olympique canadienne en patinage de vitesse depuis 1952. Mais Boucher était insatisfait : il voulait l'or.

Heiden prit sa retraite, ouvrant la voie au prétendant canadien, mais la maladie et une cheville brisée conduisirent Boucher à une décevante neuvième place aux Championnats du monde de 1983. Déterminé, le Québécois effectua un miraculeux retour et gagna plusieurs épreuves préolympiques.

Boucher portait fièrement le drapeau du Canada à Sarajevo en 1984. Il rata pourtant la médaille d'argent au 500 m par deux dixièmes de seconde. Gardant sa confiance, il décrocha l'or au 1000 m : c'était un exploit d'importance puisque aucun athlète masculin canadien n'avait encore gagné de médaille d'or individuelle aux Jeux d'hiver. Incommodé par un rhume, Boucher n'allait cependant pas s'arrêter là : il gagna le 1500 m de justesse pour une seconde médaille d'or. À lui seul, il avait gagné trois des quatre médailles du Canada à ces Jeux… et il posait les bases des succès canadiens à venir en patinage de vitesse.

HONNEURS

· Temple de la renommée
  olympique du Canada – 1984
· Trophée Lou Marsh – 1984
· Trophée Norton H. Crow – 1984
· Officier de l'Ordre du Canada
  – 1984
· Trophée Oscar Mathisen – 1984
· Chevalier de l'Ordre national du
  Québec – 1985
· Panthéon des sports du
  Québec – 1991
· Trophée Jacques Favart de la
  Fédération internationale de
  patinage – 1994

HONNEURS

· Trophée Lionel Conacher – 1984
· Officier de l'Ordre du Canada – 1984
· Nageur masculin de l'année de Swimming World – 1984
· Temple de la renommée olympique du Canada – 1985

23 Alex Baumann

1964 (Prague, Tchécoslovaquie [aujourd'hui République tchèque]) –

À TITRE DE DIRECTEUR TECHNIQUE principal du programme « À nous le podium » de Sport Canada, Alex Baumann a déclaré : « Nous devrions nous efforcer d'être les meilleurs au monde. » Il parlait en connaissance de cause, car son esprit compétitif l'avait conduit à deux médailles d'or en natation aux Jeux olympiques de 1984.

Baumann avait cinq ans quand il immigra avec sa famille à Sudbury, en Ontario. Il commença à participer à des compétitions de natation et, dès l'âge de 17 ans, il détenait 38 records canadiens et 1 record du monde (au 200 m quatre nages). Au cours de la décennie suivante, il établit 6 autres records du monde et s'empara de 34 titres nationaux.

Une blessure empêcha Baumann de participer aux Championnats du monde en 1982, mais il récupéra assez vite pour participer aux Jeux du Commonwealth et y gagner deux médailles d'or (200 m et 400 m quatre nages). Il gagna ensuite l'or au Jeux mondiaux universitaires de 1983, puis battit un record du monde aux qualifications en vue des Jeux olympiques de 1984.

Baumann était le chouchou du Canada à Los Angeles, le meilleur espoir de médaille dans un sport où aucun Canadien n'avait gagné l'or depuis 1912. Il ne déçut personne. Son spectaculaire 200 m quatre nages lui valut la médaille d'or et un autre record du monde ; le lendemain, il répéta son exploit au 400 m quatre nages.

Aux Championnats du monde de 1986, Baumann a obtenu une médaille d'argent et une de bronze, puis trois médailles d'or aux Jeux du Commonwealth la même année. Il a pris sa retraite en 1987.

· Trophée du meilleur joueur de la LCF de la division
 Est – 1959, 1962, 1963, 1966, 1967 et 1969
· Trophée du meilleur joueur canadien de la LCF –
 1959, 1963, 1966 et 1969
· Trophée Jeff Russel – 1959 et 1969
· Trophée Lionel Conacher – 1959 et 1969
· Trophée du meilleur joueur de la LCF – 1963, 1966
 et 1969
· Trophée du joueur par excellence de la Coupe Grey
 – 1969
· Trophée Lou Marsh – 1969
· Officier de l'Ordre du Canada – 1970
· Temple de la renommée du football canadien – 1973
· Panthéon des sports canadiens – 1975

22 Russ Jackson

1936 (Hamilton, Ontario) –

MEILLEUR QUART-ARRIÈRE CANADIEN de l'histoire de la LCF, Russ Jackson défia la tradition des quarts-arrière américains de la ligue pour prouver qu'un enfant du pays pouvait tout aussi bien exceller à cette position.

Jackson était doué pour le football, le basketball et les études. À 22 ans, l'Université McMaster le proposa pour une bourse Rhodes, mais Jackson choisit plutôt de poursuivre une carrière au football et signa un contrat avec les Rough Riders d'Ottawa, qui l'avaient repêché au premier tour.

Pendant sa carrière de 12 années, Jackson mena les Rough Riders à 3 conquêtes de la Coupe Grey. Aussi talentueux dans les jeux aériens que dans les jeux au sol, Jackson mena la LCF 5 saisons de suite au chapitre des passes (1963 à 1967) et conserva une moyenne de 6,6 verges par course pour un total de 5045 verges en 738 courses, ce qui le hissa au quatrième rang des quarts-arrière de la LCF depuis les débuts de la ligue.

Jackson annonça sa retraite juste avant le match de la Coupe Grey de 1969 qui allait opposer les deux équipes surnommées Rough Riders (Ottawa et Saskatchewan). Dans sa dernière partie, Jackson fut impérial : il compléta des passes pour 254 verges et 4 touchés. Il fut choisi joueur par excellence du match – première et dernière fois pour un joueur né au pays. Jackson ne manqua pas un seul match en 12 ans de carrière et sa fiche est impressionnante : 24 592 verges par la passe, 1356 passes complétées, 185 touchés et 125 interceptions ; pas mal pour un garçon originaire de Hamilton.

21 Percy Williams

1908 (Vancouver, Colombie-Britannique) – 1982

HONNEURS

· Temple de la renommée
  olympique du Canada – 1949
· Meilleur athlète d'athlétisme du
  demi-siècle au Canada – 1950
· Officier de l'Ordre du Canada
  – 1980

DANS CETTE ÈRE D'ATHLÈTES grands et vigoureux, on peut trouver surprenant qu'un petit homme de Vancouver ait accompli l'un des plus spectaculaires exploits sportifs de l'histoire canadienne. Percy Williams, le « Guépard canadien », ne mesurait en effet que 1,68 m (5 pi 6 po) quand il a établi un record du monde au 100 m aux Jeux olympiques de 1928 à Amsterdam; 80 ans plus tard, le Jamaïcain Usain Bolt réussira semblable exploit aux Jeux de Pékin, mais avec une taille de près de 30 cm (1 pi) supérieure.

Comme il était un enfant chétif, on avait conseillé à Williams d'éviter tout exercice. Il choisit pourtant de faire de l'athlétisme à l'école secondaire et, vif comme l'éclair, il ne tarda pas à battre les records provinciaux du 100 verges et du 220 verges. Aux qualifications de 1927 pour les Jeux olympiques, il secoua le pays en égalant le record olympique du 100 m.

Williams manquait d'expérience sur la scène internationale et peu de gens s'attendaient à ce qu'il réussît à Amsterdam. L'athlète méconnu franchit néanmoins le fil d'arrivée du 100 m avant les coureurs favoris des États-Unis et, 3 jours plus tard, il décrocha la médaille d'or au 200 m, devenant le premier coureur non originaire des États-Unis à décrocher deux médailles d'or dans les sprints aux mêmes Jeux olympiques.

Williams fut accueilli en grande pompe à son retour, mais on doutait aux États-Unis qu'il pût répéter ses stupéfiants exploits. Il se joignit au circuit d'athlétisme nord-américain et balaya tous les doutes en gagnant 21 de ses 22 courses et en établissant un nouveau record du monde de 10,3 s au 100 m. Williams prit sa retraite de la course en 1930.

20 Marlene Stewart Streit

1934 (Cereal, Alberta) –
MEILLEURE GOLFEUSE CANADIENNE amateur de tous les temps, Marlene Stewart Streit demeure la seule joueuse à avoir gagné les championnats amateurs du Canada, des États-Unis, de la Grande-Bretagne et de l'Australie, et la seule Canadienne à avoir été intronisée au Temple de la renommée mondial du golf.

Ayant débuté comme caddie à 13 ans, Streit remporta son premier championnat à la Classique féminine amateur du Canada en 1951, alors qu'elle avait seulement 17 ans ; elle battait alors la formidable Ada Mackenzie. Au cours des trois décennies suivantes, Streit domina le golf féminin au Canada et sur la scène internationale. Entre 1951 et 1977, elle remporta 11 fois le championnat ontarien (et se classa deuxième 7 fois), 11 fois la Classique du Canada (deuxième 5 fois) et 9 fois le championnat canadien. Elle gagna le championnat amateur britannique à 19 ans et celui des États-Unis 3 ans plus tard. En 1963, elle ajouta le championnat amateur d'Australie à sa collection à nulle autre pareille.

Quoique incitée à rejoindre les rangs professionnels, Streit décida de garder son statut d'amateur. Elle représenta le Canada cinq fois au sein de l'équipe du Commonwealth de l'Association féminine canadienne de golf (CLGA) et sept fois dans l'équipe mondiale amateur de la CLGA.

La domination de Streit sur les parcours de golf s'est poursuivie jusqu'à un âge avancé. Elle a gagné 6 fois le championnat des vétérans de l'Ontario, 4 fois le championnat des vétérans de la CLGA et, en 2003, âgée de 69 ans, elle est devenue la joueuse la plus âgée à remporter le championnat féminin des vétérans amateur des États-Unis.

81

HONNEURS

· Temple de la renommée olympique du Canada – 1949
· Athlète féminine canadienne du demi-siècle – 1950
· Panthéon des sports canadiens – 1955
· La Presse canadienne a institué le trophée Bobby
  Rosenfeld en 1933, qu'elle remet chaque année à
  l'athlète canadienne de l'année.

19 Fanny « Bobbie » Rosenfeld

1904 (Dneipropetrosk, Russie) – 1969

ATHLÈTE ACCOMPLIE, innovatrice et, sans doute, la femme ayant exercé le plus d'influence dans les sports au Canada, Bobbie Rosenfeld excellait au basketball, au hockey, au softball, au tennis et, à titre plus célèbre encore, comme médaillée olympique en athlétisme. À la blague, un rédacteur a écrit : « La façon la plus pratique de résumer la carrière de Rosenfeld... c'est de dire qu'elle n'était pas une bonne nageuse. »

Née en Russie, Rosenfeld arriva au Canada durant sa jeune enfance et grandit à Barrie, en Ontario. Elle jouait au basketball et au hockey, sans compter qu'elle occupait la position d'arrêt-court de son équipe de softball. Elle attira l'attention du pays en 1923 quand elle battit le record du monde du 100 verges en athlétisme, dans une course à laquelle elle s'était inscrite sur un coup de tête. L'année suivante, Rosenfeld gagna le championnat de tennis féminin de Toronto et, en 1925, elle domina les Championnats d'athlétisme de l'Ontario, se classant première dans cinq épreuves différentes.

Aux Jeux olympiques d'Amsterdam, en 1928, Rosenfeld récolta plus de points que tout autre athlète, masculin ou féminin, en enlevant l'argent au 100 m et l'or au relais 4 x 100 m, où l'équipe canadienne battit le record du monde.

En 1929, souffrant gravement d'arthrite, Rosenfeld fut clouée au lit pendant des mois. Néanmoins, elle revint à la compétition : en 1931, elle cogna le plus grand nombre de coups de circuit dans sa ligue de softball et, en 1932, l'Ontario la déclara meilleure joueuse de hockey de la province. Rosenfeld canalisa ensuite son énergie vers l'écriture journalistique. Pendant 20 ans, elle tint sa chronique « Sports Reel » dans le *Globe and Mail* de Toronto.

18 Simon Whitfield

1975 (Kingston, Ontario) –

LES DEUX FINS DE COURSE du triathlonien Simon Whitfield en 2000 et 2008 figurent parmi les plus mémorables performances olympiques canadiennes, notamment parce qu'il tirait de l'arrière chaque fois.

Quand le triathlon est devenu un sport officiel aux Jeux de 2000 à Sydney, Whitfield – classé premier en Amérique du Nord – était prêt. Il termina 28e du segment natation, puis explosa en cyclisme, dans lequel il remonta jusqu'à la 10e place. Ensuite, tout alla de travers. Whitfield et une douzaine d'autres cyclistes chutèrent et, en un instant, il dégringola à la 24e place. Il remonta en selle et pédala comme un fou pour pouvoir enchaîner le dernier segment en bonne position. Il fit alors une course à pied excitante, doublant un coureur après l'autre, jusqu'à ce qu'il fût à la hauteur du meneur. Le duel au coude à coude dura tout au long des derniers kilomètres jusqu'à ce que Whitfield puisât l'énergie de l'ultime foulée lui assurant la victoire. Il établissait du même coup un record olympique.

Whitfield remporta l'or aux Championnats de triathlon du Canada en 2001 (son second titre national) et au Jeux du Commonwealth de 2002, mais il obtint une décevante 11e place aux Jeux d'Athènes, en 2004.

Aux Jeux de 2008, à Pékin, Whitfield répéta sa remontée des Jeux de Sydney. Apparemment sans espoir de médaille lorsqu'il amorça le dernier kilomètre, mais refusant de se tenir pour battu, il remonta jusqu'à la tête alors qu'il ne restait que 200 m à parcourir. Le coureur allemand le rattrapa dans les dernières secondes, mais la poussée de Whitfield – exemple de force et de persévérance – lui valut la médaille d'argent.

HONNEURS

· Athlète de l'année de Triathlon Canada – 1999, 2000, 2001, 2002, 2003, 2004, 2005, 2006, 2007 et 2008

17 Chantal Petitclerc

1969 (Saint-Marc-des-Carrières, Québec) –

HONNEURS

· Médaille pour service méritoire de la Gouverneure générale – 2003
· Trophée Velma Springstead – 2004 et 2008
· Trophée Bobbie Rosenfeld – 2008
· Trophée Lou Marsh – 2008
· Compagnon de l'Ordre du Canada – 2009

CHANTAL PETITCLERC a dominé la course en fauteuil roulant pendant plus de 20 ans et inspiré des millions de gens par sa détermination, son intégrité et son excellence en compétition. Petitclerc avait 13 ans lorsqu'une porte de grange s'est abattue sur elle, et lui a broyé la colonne vertébrale. Elle avait 18 ans quand un entraîneur de l'Université Laval lui a fait découvrir les sports en fauteuil roulant.

Petitclerc concourut sur la scène internationale pour la première fois aux Jeux paralympiques de 1992 à Barcelone, où elle gagna la médaille de bronze aux 200 et 800 m. À chacun des Jeux paralympiques successifs, le nombre de ses médailles augmenta sans cesse jusqu'à Athènes, en 2004. L'imbattable Petitclerc remporta alors cinq médailles d'or et battit trois records du monde.

Cette année-là, Petitclerc refusa le trophée de l'athlète canadienne de l'année décerné par Athlétisme Canada parce qu'elle devait le partager avec la coureuse de haies Perdita Felicien. Elle estimait que les performances de Felicien, qui n'avait même pas réussi à obtenir une médaille aux Jeux olympiques d'Athènes, ne valaient pas ses multiples médailles d'or et considérait que le partage du prix constituerait un affront envers les athlètes paralympiques.

À ses derniers Jeux paralympiques, à Pékin en 2008, Petitclerc domina encore, battant des rivales de 16 ans ses cadettes et remportant de nouveau 5 médailles d'or, tout en établissant 3 records du monde.

Petitclerc reconnaît qu'elle est un modèle pour les gens souffrant de handicaps, mais elle se définit d'abord comme une athlète. Elle a déclaré : « Je me suis toujours vue comme une athlète cherchant à aller vite et à gagner une course. »

16 Barbara Ann Scott

1928 (Ottawa, Ontario) –
DANS LES ANNÉES qui suivirent la Deuxième Guerre mondiale, le nom de Barbara Ann Scott évoquait des visions à la fois de grâce et de brio athlétique. Dans la grisaille de l'après-guerre, Scott fut une véritable idole au pays, et son exploit olympique est demeuré unique dans les annales sportives du Canada.

Surnommée l' «Enfant chérie du Canada», Scott amorça sa remarquable carrière à l'âge de six ans, incarnant le personnage de Raggedy Ann dans un spectacle sur glace. Déterminée et disciplinée, Scott s'entraînait 8 heures par jour et, à 10 ans, elle fut la plus jeune patineuse artistique à réussir le test des Figures d'or. Elle remporta le titre canadien junior à 11 ans et devint championne canadienne senior à 15 ans. En outre, elle fut la première patineuse à exécuter un double lutz en compétition.

En 1947, des amis amassèrent des fonds pour envoyer Scott aux Championnats d'Europe et du monde. Elle les gagna tous les deux. En 1948, elle balaya tout : les championnats canadien, européen, nord-américain et mondial, ce qui constituait une belle entrée en matière pour les Jeux olympiques de Saint-Moritz. Elle ajusta son programme aux conditions qui prévalaient – une patinoire extérieure où la glace fondait à la suite de deux matchs de hockey – et exécuta une performance impeccable qui lui valut la médaille d'or.

On ferma les écoles, des orchestres jouèrent et plus de 70 000 admirateurs accueillirent Scott lors de son retour triomphal au Canada. À ce jour, sa médaille d'or olympique demeure l'unique médaille d'or individuelle en patinage artistique obtenue par un athlète canadien, masculin ou féminin.

85

HONNEURS

· Trophée Calder – 1984
· Trophée Lester B. Pearson – 1986, 1988, 1993 et 1996
· Trophée Art Ross – 1988, 1989, 1992, 1993, 1996 et 1997
· Trophée Hart – 1988, 1993 et 1996
· Trophée Lionel Conacher – 1988 et 1993
· Trophée Conn Smythe – 1991 et 1992
· Trophée Lou Marsh – 1993
· Trophée Bill Masterton – 1993

· Temple de la renommée du hockey – 1997
· Panthéon des sports canadiens – 1998
· Trophée Lester Patrick – 2000
· Retrait du chandail numéro 66 par les Penguins de Pittsburgh en 1997 et, officieusement, par la LNH
· Temple de la renommée de la Fédération internationale de hockey sur glace – 2008
· Chevalier de l'Ordre national du Québec – 2009

15 Mario Lemieux

1965 (Montréal, Québec) –
LE LÉGENDAIRE MARIO LEMIEUX est l'un des meilleurs joueurs de hockey de tous les temps et, peut-être, l'athlète le plus héroïque de tous.

Joueur étoile costaud, Lemieux battit tous les records établis par Guy Lafleur dans les rangs juniors avant de devenir le premier choix au repêchage des Penguins de Pittsburgh en 1984. À sa première présence sur la glace dans la LNH, Lemieux marqua son premier but dès son tout premier tir. Première recrue à remporter le titre du joueur le plus utile lors du match des Étoiles, il remporta ensuite le trophée Calder de la recrue de l'année.

En 1988-1989, Lemieux, dit «le Magnifique», connut deux matchs de 8 points chacun et, en 1989-1990, il réalisa une séquence de 46 matchs avec au moins 1 point. Même s'il avait manqué les 50 premiers matchs de 1990-1991 en raison d'opérations au dos, Lemieux mena les Penguins à leur première Coupe Stanley, obtenant un total phénoménal de 44 points en séries éliminatoires, tout juste derrière le record de 47 points de Gretzky. L'année suivante, Lemieux mena aux points dans les matchs d'après-saison – il souffrait pourtant d'intenses douleurs dorsales et rata cinq matchs éliminatoires à cause d'un poignet brisé – et les Penguins triomphèrent à nouveau.

En 1993, on diagnostiqua la maladie de Hodgkin (cancer des ganglions lymphatiques) chez le vaillant joueur d'avant. Les traitements l'épuisèrent, mais il revint au jeu pour mener son équipe pendant une séquence victorieuse record de 17 matchs.

Lemieux prit sa retraite en 1996, puis il acheta les Penguins en faillite. En 2000, le triple gagnant du trophée Hart et six fois champion marqueur de la LNH sortit de sa retraite à titre de joueur propriétaire et accumula 76 points en seulement 43 matchs. Lemieux prit sa retraite pour de bon en 2006. Avec la conquête de la Coupe Stanley par les Penguins en 2009, Mario le Magnifique est le seul à avoir gagné la Coupe comme joueur et comme propriétaire d'équipe.

14 Nancy Greene

1943 (Ottawa, Ontario) –

IL Y A PLUS DE **40** ANS que la « Tigresse » s'est hissée jusqu'à la médaille d'or olympique, mais Nancy Greene demeure toujours la personnalité la plus connue du ski au Canada. Dans les années 1960, elle s'empara d'un nombre record de championnats canadiens et mondiaux, de même que du cœur de la population canadienne.

Ayant grandi dans la région montagneuse de Rossland, en Colombie-Britannique, Greene concourait dès l'âge de 13 ans et remporta sa première médaille à 15 ans, en raison d'une deuxième place derrière sa sœur aux Championnats canadiens juniors. La rivalité avec sa sœur poussa Nancy à s'améliorer au point d'être sélectionnée pour l'équipe olympique. Surnommée la « Tigresse » à cause de son style combatif sur des skis, la triple olympienne remporta 7 championnats du Canada, 3 des États-Unis et 13 victoires en Coupe du monde, ce qui constitue toujours un record canadien en ski de compétition. Pour obtenir son titre en Coupe du monde en 1967, Greene l'emporta par à peine sept centièmes de seconde dans l'ultime course de la saison.

Aux Jeux olympiques de Grenoble, en 1968, la jeune femme de 24 ans, skiant malgré une cheville blessée, gagna l'argent au slalom, puis dévala à un train d'enfer le parcours du slalom géant pour arracher l'or par une marge de 2,68 secondes, l'une des victoires les plus décisives de l'histoire olympique.

La bien-aimée « Reine canadienne du ski » revint au pays et fut acclamée dans des défilés sous des pluies de serpentins, tandis qu'on célébrait d'un océan à l'autre. Ce fut l'une des plus grandes manifestations de joie dans l'histoire du sport au Canada.

HONNEURS

· Trophée Bobbie Rosenfeld – 1967 et 1968
· Trophée Velma Springstead – 1967 et 1968
· Trophée Lou Marsh – 1967 et 1968
· Panthéon des sports canadiens – 1967
· Officier de l'Ordre du Canada – 1968
· Order of the Dogwood (Colombie-Britannique) – 1968
· Temple de la renommée olympique du Canada – 1971
· Athlète féminine du siècle de la Presse canadienne – 1999

HONNEURS
· Temple de la renommée olympique du Canada – 1994
· Trophée Wilson et McCall (avec Kathleen Heddle) – 1995 et 1996
· Panthéon des sports canadiens – 1997
· Médaille Thomas Keller – 2002

13 Marnie McBean

1968 (Vancouver, Colombie-Britannique) – **LA POLYVALENCE DE MARNIE MCBEAN** est sans égale en aviron féminin. Elle fut la première femme à gagner une médaille dans chaque catégorie de bateau des compétitions mondiales et olympiques.

McBean remporta sa première médaille – en bronze – aux Championnats du monde juniors de 1986. En 1991, en duo avec Heddle, elle gagna l'or et établit un record du monde aux Championnats du monde. Le formidable tandem remporta la médaille d'or aux Jeux olympiques de Barcelone en 1992, de même qu'une seconde médaille d'or au sein de l'équipage du huit.

En 1995, McBean persuada Heddle de sortir de sa retraite pour concourir aux Jeux olympiques d'Atlanta de l'année suivante. Le duo gagna l'or dans l'épreuve en couple, puis le bronze dans le quatre en couple sans barreur.

En 1993, McBean se lança dans les épreuves en solo (skiff) et, à nouveau, se hissa au rang de championne du monde. Après avoir gagné l'argent aux Championnats du monde, où elle termina deuxième derrière sa coéquipière Silken Laumann, McBean fut trois fois championne du monde, huit fois championne des États-Unis et trois fois championne du Canada, de même que médaillée d'or aux Jeux panaméricains de 1999.

Espérant ajouter une médaille en simple à sa collection olympique, McBean dut toutefois se désister trois semaines avant les Jeux de Sydney en 2000, à cause d'une blessure au dos.

HONNEURS

· Recrue de l'année du Circuit professionnel canadien – 1993

· Trophée Lionel Conacher – 2000, 2001 et 2003

· Trophée Lou Marsh – 2003

· Membre de l'Ordre du Canada – 2009

· Temple de la renommée du golf canadien – 2009

12 Mike Weir

1970 (Sarnia, Ontario) –
LE GOLFEUR CHAMPION DU MONDE Mike
Weir a développé son élan impressionnant au
club de golf Huron Oaks à Sarnia. Après avoir
gagné le Championnat junior de l'Ontario et
s'être classé deuxième au Championnat amateur du Canada en 1991 et 1992, le talentueux
golfeur est devenu professionnel.

En 1999, Weir remporta son premier titre
sur le circuit de la PGA en sol canadien ; il était
le premier Canadien à y parvenir depuis 1954.
L'année suivante, à 30 ans, Weir devint le premier Canadien à concourir dans la President's
Cup. Il couronna sa saison au Championnat
du monde de golf en Espagne en battant une
brochette d'adversaires redoutables, dont Tiger
Woods, Vijay Singh et Lee Westwood.

L'année 2003 fut faste pour Weir. Collective-
ment, les Canadiens retinrent leur souffle
quand il battit Len Mattiace au premier trou
supplémentaire, et devint de ce fait le premier
Canadien à gagner le prestigieux Masters. Deux
mois plus tard, Weir se classa troisième au
US Open et termina l'année au troisième rang
de l'Official World Golf Rankings (Classement
mondial officiel du golf).

À la President's Cup de 2007, dans la
compétition en simple, Weir fut assorti à
l'incomparable Tiger Woods et sortit victorieux
de ce duel très chargé d'émotion.

Toujours actif sur le circuit professionnel,
Weir a égalé et pourrait battre le record de
George Knudson de huit victoires par un Cana-
dien sur le circuit de la PGA.

HONNEURS

- Trophée Hart – 1947
- Trophée Lionel Conacher – 1952, 1957 et 1958
- Trophée Lou Marsh – 1957
- Retrait du chandail numéro 9 par les Canadiens de Montréal – 1960
- Temple de la renommée du hockey – 1961
- Panthéon des sports canadiens – 1975
- Panthéon des sports du Québec – 1991
- Conseil privé de la Reine pour le Canada – 1992
- Compagnon de l'Ordre du Canada – 1998
- Le trophée Maurice Richard est décerné annuellement au meilleur marqueur de la LNH depuis 1999.

11 Maurice « Rocket » Richard

1921 (Montréal, Québec) – 2000

LES FUNÉRAILLES D'ÉTAT de Maurice « Rocket » Richard – les seules qui ont jamais été organisées pour un athlète canadien – révélèrent la place unique que le héros des Canadiens de Montréal occupait dans le cœur des amateurs de hockey et de la population du Québec.

Richard, qui avait appris à jouer au hockey dans un rude quartier ouvrier de Montréal, se joignit aux Canadiens en 1942. L'ailier droit jouait avec une telle intensité que ses montées au filet étaient vraiment explosives : le regard intense et brûlant, il filait comme une fusée pour marquer de toutes les façons imaginables, ce qui lui valut son surnom.

En 18 ans de carrière, Richard mena les Canadiens à 8 Coupes Stanley, fut le meilleur marqueur pendant 5 ans, fut le premier joueur à marquer 500 buts et, quand il prit sa retraite, il détenait le record de buts de tous les temps, soit 544. Son record du plus grand nombre de points dans un seul match (8) a tenu jusqu'en 1976, et son record de 50 buts en 50 matchs, réalisé en 1944-1945, résista jusqu'en 1981.

Le tempérament bouillant de Richard fut la cause de l'un des épisodes les plus célèbres de l'histoire de la LNH. Le 15 mars 1955, Richard frappa un juge de ligne et fut suspendu pour le reste de la saison et les séries éliminatoires. Les amateurs montréalais enragés déclenchèrent une émeute dans les rues de la ville et Richard dut lancer un appel au calme sur les ondes radiophoniques de la province.

Aucun autre athlète n'a inspiré autant de fierté et de vénération que le rude et talentueux Rocket de Montréal.

10 Clara Hughes

1972 (Winnipeg, Manitoba) –
SIX FOIS MÉDAILLÉE OLYMPIQUE, Clara Hughes est un phénomène unique dans les annales du sport canadien. Sa détermination, ses qualités athlétiques et sa concentration en compétition en ont fait une athlète de classe mondiale dans deux sports différents. Adolescente, Hughes se prit de passion pour le patinage de vitesse en regardant les Jeux olympiques de Calgary en 1988. Ce ne fut cependant pas sur l'anneau de glace qu'elle se démarqua en premier, car elle devint au préalable l'une des meilleures cyclistes de tous les temps du Canada.

La carrière de cycliste de Hughes comprend des titres internationaux et nationaux: elle a été 18 fois championne cycliste du Canada – un record – et a gagné 2 médailles de bronze aux Jeux olympiques d'été (1996 à Atlanta), soit en course individuelle sur route et en course individuelle contre la montre. Parmi ses mémorables exploits, Hughes porta le convoité maillot jaune pendant quatre jours dans l'éprouvant Tour de France de 1994.

Hughes mit fin à sa carrière cycliste alors qu'elle était au sommet, après avoir gagné des médailles d'or et de bronze aux Jeux du Commonwealth en 2002 et des médailles d'or et d'argent aux Jeux panaméricains en 2003.

En 2000, après une absence de 10 ans sur la glace, Hughes revint au patinage de vitesse. Exemple sans précédent de ténacité, Hughes fut choisie sur l'équipe nationale après seulement sept semaines d'entraînement. Deux ans plus tard, elle transporta d'admiration le monde sportif en raflant la médaille de bronze dans l'épuisante épreuve du 5000 mètres aux Jeux olympiques de 2002.

La championne mondiale de longue distance gagna l'or au 3000 mètres à la Coupe du Monde en 2002 et 2004, au 5000 mètres en 2005 et, toujours au 5000 mètres, aux Championnats du monde de 2004 – une première canadienne. Lors du même événement, elle brisa un record du monde à l'épreuve du 10 000 mètres. Aux Jeux olympiques de Turin, en 2006, au terme d'une spectaculaire remontée, Hughes décrocha l'or au 5000 mètres puis, pour faire bonne mesure, elle ajouta la médaille d'argent à la poursuite par équipes.

Hughes – seule athlète plusieurs fois médaillée aux Jeux olympiques d'été et d'hiver – a été le porte-drapeau du Canada lors des Jeux de Vancouver, en 2010. Elle a soulevé l'enthousiasme de la foule en remportant une médaille de bronze au 5000 mètres à une vitesse record. Cet exploit remarquable a hissé Hughes parmi les légendes du sport canadien. Avec six médailles, elle rejoint sa coéquipière Cindy Klassen, partageant avec elle l'honneur d'être l'olympienne la plus médaillée de l'histoire canadienne.

HONNEURS

· Trophée Sport et communauté du CIO – 2006
· Prix de « L'Esprit du sport » de la Fondation Sport pur
  – 2006 et 2007
· Officier de l'Ordre du Canada – 2007

HONNEURS
· Trophée Tip O'Neill – 1987, 1990, 1992, 1994, 1995, 1997,
  1998, 2001 et 2002
· Gant d'Or – 1992, 1993, 1997, 1998, 1999, 2001 et 2002
· Trophée Silver Slugger – 1992, 1997 et 1999
· Joueur le plus utile de la Ligue nationale – 1997
· Trophée Lionel Conacher – 1998
· Trophée Lou Marsh – 1998
· Panthéon des sports canadiens – 2007
· Temple de la renommée du baseball canadien – 2009

9 Larry Walker

1966 (Maple Ridge, Colombie-Britannique) –

DE TOUS LES CANADIENS qui ont joué au baseball majeur, c'est Larry Walker qui a atteint les plus hauts sommets : le plus grand nombre de parties jouées (1988), de coups sûrs (2160), de coups de circuit (383), de points comptés (1355), de points produits (1311 – total dépassé par Justin Morneau en 2006) et de buts volés (230).

Comme la plupart des jeunes garçons fous du hockey, Walker grandit en rêvant de jouer dans la LNH et, apparemment, il avait un talent de gardien de but pour réaliser son rêve. « Ça ne me dérange pas de dire que le hockey est le meilleur sport du monde », admit-il. Néanmoins, le père de Walker les entraînait, lui et ses trois frères plus vieux, dans l'une des meilleures équipes de softball du Canada.

Les Expos de Montréal découvrirent Walker alors qu'il jouait dans l'équipe nationale junior du Canada ; en 1984, ils engagèrent le jeune joueur de 18 ans, qui joua sa première partie professionnelle en 1989. En moins de deux ans, Walker parvenait à l'équipe d'Étoiles de la Ligue nationale. Le solide voltigeur de droite et remarquable frappeur était en train de mener les Expos à la Série mondiale en 1994 quand survint la tristement célèbre grève du baseball majeur. La saison ne reprit jamais et, l'année suivante, Walker passa aux Rockies du Colorado, un club de l'expansion. Il brilla avec les Rockies et, en 1997, fut choisi joueur par excellence de la Ligue nationale avec des sommets de carrière : 153 matchs joués, 568 présences au bâton, 49 coups de circuit – le plus haut total de la ligue cette année-là – et 130 points produits.

Trois fois meilleur frappeur de la Ligue nationale (en 1998, 1999 et 2001), Walker orchestra un échange avec les Cardinals de St. Louis en 2004, espérant atteindre la Série mondiale. L'équipe se rendit en finale, mais les Red Sox de Boston balayèrent la série, et empêchèrent Walker de réaliser son rêve.

Fier Canadien avec une feuille d'érable tatouée sur le bras, Walker prit sa retraite à la fin de la saison 2005. En dépit de multiples blessures tout au long de ses 17 années de carrière – il n'a jamais joué une saison entière de 162 matchs –, Walker a réalisé une longue liste d'exploits remarquables. Outre le titre de joueur par excellence, on trouve dans son palmarès cinq présences au match des Étoiles, sept Gants d'or pour son excellence à la position de voltigeur, trois trophées Silver Slugger et neuf trophées Tip O'Neill (joueur de baseball de l'année au Canada), un exploit sans précédent. À la cérémonie d'intronisation de Walker au Temple de la renommée du baseball canadien, Tom Valcke, le président du Temple, s'est écrié : « Il est sans conteste le plus célèbre Canadien à avoir tenu un bâton de baseball dans ses mains. »

8 Ferguson « Fergie » Jenkins

1943 (Chatham, Ontario) –
LE PLUS GRAND HONNEUR pour un joueur de baseball professionnel est l'admission au Temple de la renommée du baseball à Cooperstown, dans l'État de New York. Un seul Canadien a reçu cet honneur : le grand Ferguson Jenkins. Il a été l'un des meilleurs lanceurs du baseball majeur : sa maîtrise et la grande précision de ses tirs sont légendaires.

Jeune, Jenkins était un athlète complet qui jouait au hockey junior B et au basketball avec les Harlem Globetrotters durant la saison morte du baseball. En 1962, les Phillies de Philadelphie le repêchèrent directement à sa sortie de l'école secondaire. Pourtant, il ne devint lanceur partant qu'après avoir été cédé aux Cubs de Chicago en 1966.

Mesurant 1,96 m (6 pi 5 po), Jenkins était un joueur imposant et énergique, au lancer puissant et d'une précision inouïe. Il termina la saison de 1967 avec 20 victoires, une moyenne de points mérités de 2,80, 20 parties complètes (un sommet dans la ligue), un record d'équipe de 236 retraits au bâton et une participation au match des Étoiles. Il obtint une impressionnante deuxième place au scrutin pour le trophée Cy Young.

Jenkins régna au monticule pendant les 6 années qui suivirent, en gagnant 20 parties ou plus chaque saison. En 1969, il domina la Ligue nationale avec 273 retraits au bâton. En 1971 – avec la meilleure fiche de la ligue, soit 24 victoires, 325 manches et 30 parties complètes comme lanceur –, il devint le premier joueur des Cubs et le premier Canadien à gagner le trophée Cy Young. C'était d'autant plus impressionnant qu'il lançait à Wrigley Field, le terrain de base-ball le plus favorable aux frappeurs du baseball majeur.

Cette même année, Jenkins, également bon frappeur, battit le record des Cubs pour le nombre de coups de circuit (6) et de points produits (13) par un lanceur. Il réussit 13 coups de circuit durant sa carrière.

Il fut cédé aux Rangers du Texas en 1973, et il détient toujours les records de saison de cette équipe pour le plus grand nombre de victoires (25), de blanchissages (6) et de parties complètes (29), tous exploits réalisés en 1974. Il passa aux Red Sox de Boston en 1975, revint avec les Rangers en 1977, puis de nouveau chez les Cubs en 1982. Il prit sa retraite en 1983.

Le tir précis de Jenkins produisit 284 victoires au long de ses 19 ans de carrière dans les ligues majeures. Il détient l'une des meilleures fiches de retraits sur prises (3192) et il est le seul membre du groupe d'élite ayant réussi plus de 3000 retraits au bâton à avoir fini sa carrière avec moins de 1000 buts sur balles. Le match des Étoiles du baseball majeur de 1991, disputé à Toronto, était dédié à Jenkins, qui y effectua le lancer inaugural protocolaire.

7 Gordie Howe

1928 (Flora, Saskatchewan) –
GRETZKY PEUT BIEN ÊTRE « LE PLUS GRAND »,
mais il n'y a qu'un seul « M. Hockey ». Gordie
Howe – puissant attaquant, formidable compteur et
le joueur le plus admiré et le plus craint durant
sa phénoménale carrière de plusieurs décennies – mena les Red Wings de Detroit à quatre
Coupes Stanley. Avec 1071 buts et 2589 points,
Howe sera toujours l'un des plus remarquables
athlètes dans l'histoire du sport canadien.

Né sur une ferme près de Floral en Saskatchewan juste avant la Grande Dépression, Howe
grandit en jouant au hockey dans les hivers
excessivement froids des Prairies. De ce milieu
rude émergea un joueur athlétique et exception-
nellement puissant de 1,83 m (6 pi).

En 1946, à 18 ans, Howe fit ses débuts professionnels avec les Red Wings de Detroit. Les
fans et les joueurs furent impressionnés par sa
maîtrise supérieure de tous les aspects du jeu,
cette combinaison unique d'un coup de patin
tout en douceur, de mises en échec solides dans
les coins et d'une capacité ambidextre à manier
le bâton et à tirer avec précision de la gauche
comme de la droite. Il gagna 6 fois les honneurs
de meilleur joueur et de meilleur compteur
de la LNH; il participa à 21 matchs d'Étoiles
de la LNH; il termina parmi les 5 meilleurs
compteurs de la LNH pendant un incroyable
total de 20 saisons consécutives; et il battit le
record du total de points de Maurice Richard en
1960, record qu'il conserva 29 ans.

L'endurance de Howe est légendaire. Non seulement joua-t-il pendant plus de 3 décennies – 26 ans dans la LNH et 6 ans dans l'AMH, avec le record du plus grand nombre de parties en saison régulière de la LNH (1767) –, mais il s'adapta brillamment au style de jeu de chaque époque. Et Howe jouait beaucoup, passant beaucoup de temps sur la glace. Souvent il jouait 45 minutes pleines alors que la moyenne était de 25. En 1979 – sa dernière saison à 51 ans –, il joua les 80 matchs de la saison complète.

Howe était respecté par les autres joueurs pour ses capacités à manier le bâton et à lancer, et craint pour son jeu rude. L'attaquant aux solides mises en échec laissa sa marque sur de nombreux adversaires, et les histoires d'altercations dans les coins avec Howe sont légendaires. À son premier match à Montréal, alors qu'il n'était qu'une recrue, il mit hors de combat le solide Rocket Richard d'un seul coup de poing. Un exploit officieux rappelle la combinaison magique des talents de Howe : le « tour du chapeau » à la Gordie Howe incluait un but, une aide et un combat aux poings dans le même match.

En 1980, Howe prit sa retraite pour de bon, mais il fit une réapparition professionnelle en 1997, à l'âge de – croyez-le ou non ! – 70 ans. Il détient toujours – et probablement à jamais – le record du nombre de buts dans une carrière en saison régulière, soit 975 (AMH et LNH).

6 Donovan Bailey

1967 (Manchester, Jamaïque) –
LA TRADITION veut que le détenteur du record du monde au 100 m masculin soit couronné l'Homme le plus rapide du monde. Deux Canadiens seulement ont réussi cet exploit dans l'histoire (si l'on oublie Ben Johnson, dont la marque a été effacée du registre des records). Le premier a été Percy Williams en 1928. Le deuxième, presque 70 ans plus tard, a été Donovan Bailey dans l'une des finales du 100 m les plus énervantes de l'histoire des Jeux olympiques.

Bailey – qui à l'âge de 13 ans immigra à Oakville, en Ontario – était un enfant rapide et un féroce compétiteur dans tous les sports. Le jeune Bailey se passionnait cependant davantage pour le basketball que pour l'athlétisme. Ce ne fut qu'après avoir regardé les Championnats canadiens d'athlétisme qu'il découvrit combien sa vitesse était exceptionnelle : il avait déjà battu de nombreux membres de l'équipe nationale. Son esprit compétitif prenant le dessus, il entreprit sérieusement de se consacrer au sprint.

Le légendaire entraîneur d'athlétisme Dan Pfaff observa Bailey en compétition et reconnut son potentiel. Bailey s'entraîna intensivement avec Pfaff et commença à participer à des courses de calibre mondial qu'il gagnait. Il remporta la médaille d'or au 100 m des Championnats du monde de 1995 et, au début de 1996, il battit le record du monde du 50 m en salle avec un chrono de 5,56 secondes, une marque qui tient toujours.

Bailey était le favori aux Jeux olympiques de 1996 à Atlanta. À cette pression, s'ajoutait le poids de se retrouver dans l'ombre de Ben Johnson. Ayant très hâte d'oublier la honte qu'avait causée la disgrâce de Johnson, les Canadiens mettaient leur espoir en Bailey. Comme si ce stress ne suffisait pas, la finale du 100 m commença par trois faux départs et une disqualification. La pression aurait désarçonné bien d'autres athlètes, mais Bailey se nourrissait du surplus de tension. Intensément concentré, le combatif sprinter aux longues jambes puissantes remonta ses rivaux et décrocha la médaille d'or, établissant un record du monde de 9,84 secondes. Qui plus est pour les fans canadiens, cette victoire avait lieu sur le sol des États-Unis dans une épreuve dominée depuis des décennies par des athlètes américains. Bailey gagna une deuxième médaille d'or olympique deux jours plus tard, au relais 4 x 100 m.

Bailey était indiscutablement l'Homme le plus rapide du monde aux yeux de tous, sauf pour l'Américain Michael Johnson des États-Unis, champion olympique et recordman du monde du 200 m. Après les Jeux, Johnson se vanta d'être « l'homme le plus rapide du monde » et, même si Bailey ignora d'abord son défi, les deux champions s'affrontèrent finalement dans un duel de 150 m au SkyDome de Toronto. Bailey triompha, et remporta le prix de 1,5 million de dollars.

HONNEURS

· Athlète masculin du demi-siècle de la Presse canadienne – 1950

· Panthéon des sports canadiens – 1955

· Temple de la renommée du football canadien – 1963

· Temple de la renommée de la crosse du Canada – 1966

· Temple de la renommée du hockey – 1994

· Le trophée Lionel Conacher, qui récompense l'athlète masculin de
l'année au Canada, est décerné par la Presse canadienne depuis 1932.

5 Lionel Conacher

1900 (Toronto, Ontario) – 1954

LIONEL « BIG TRAIN » Conacher est l'incarnation parfaite de l' «athlète complet ». Passionné et déterminé, il excellait dans les sports d'équipe comme le football, la crosse et le hockey, tout comme dans les sports individuels telles la boxe et la lutte. Issu d'une famille de 10 enfants, Conacher abandonna l'école après sa huitième année et se tourna vers les sports pour subvenir aux besoins de sa famille. À 12 ans, il joua au rugby avec les Capitals de Toronto et, au cours des 8 années suivantes, il se joignit à 14 équipes différentes, dont 11 gagnèrent un championnat !

Conacher fut champion amateur de lutte de l'Ontario dans la catégorie poids léger à l'âge de 16 ans. Quatre ans plus tard, en 1920, il remportait le titre de champion national de boxe catégorie poids lourds légers. Sa vitesse phénoménale et sa puissance signifiaient qu'il était naturellement à l'aise sur un terrain de football : en 1921, il mena les Argonauts de Toronto à la Coupe Grey, marquant 15 de leurs 23 points.

Quand il passa au hockey, on aurait dit que la glace était faite pour lui. Il n'avait commencé à patiner qu'à l'âge de 16 ans, mais les salaires plus élevés et le jeu plus rapide au hockey l'attiraient. Défenseur habile, il fit aussitôt fureur dans la LNH, menant les Blackhawks de Chicago à la Coupe Stanley en 1934. Il était le capitaine des Maroons de Montréal lorsque ceux-ci remportèrent la Coupe Stanley en 1935. Et certains disent que le hockey était son sport le plus faible.

Conacher était en effet l'un des plus brillants joueurs de crosse du Canada et un extraordinaire joueur de baseball. Il y a une journée de 1921 qui est restée mémorable et illustre particulièrement bien sa polyvalence d'athlète : au baseball, il mena d'abord les Hillcrests de Toronto à la victoire en frappant un double dans la dernière manche, puis il fila à toute vitesse à travers la ville pour rejoindre les Maitlands de Toronto sur le terrain de crosse, où son équipe perdait 2 à 1 ; il compta les 2 buts qui assurèrent la victoire.

En 1926, il joua au baseball avec les Maple Leafs de Toronto au niveau AAA et les aida à gagner le championnat.

Conacher fut surnommé affectueusement « Big Train » en raison de sa présence dominante sur tout terrain de sport. Il fut nommé athlète canadien par excellence du demi-siècle pour ses succès ininterrompus dans une gamme d'engagements sportifs.

En 1937, à l'âge de 37 ans, Lionel Conacher, l'athlète canadien le plus respecté et adoré au Canada, prit sa retraite des sports professionnels. Il n'avait que 54 ans lorsqu'il mourut, en pleine activité sportive, comme il se doit. Au cours d'un match de baseball, le « Big Train » fut victime d'un arrêt cardiaque après une spectaculaire course vers le troisième but.

Conacher a vécu à une époque où la polyvalence sportive était encouragée. Personne ne pourrait égaler aujourd'hui ses phénoménales réussites.

4 Cindy Klassen

1979 (Winnipeg, Manitoba) –

EN PLUS DE DÉTENIR des records du monde dans de nombreuses distances et d'être quatre fois championne du monde, la patineuse de vitesse Cindy Klassen détient six phénoménales médailles olympiques, partageant avec Clara Hughes l'honneur d'être l'athlète olympique la plus décorée de l'histoire canadienne.

Klassen commença à patiner en 1981 à l'âge de deux ans, mais sa passion pour le patinage de vitesse se révéla beaucoup plus tard. Athlète complète, elle prit part à des compétitions de crosse extérieure, de patins à roues alignées et de hockey au niveau national avant de se consacrer au patinage de vitesse. Championne depuis sa première course en 1998, Klassen gagna le titre aux Championnats du monde juniors en 1999 et remporta sa première médaille olympique au 3000 m – le bronze – à Salt Lake City en 2002.

L'année suivante fut étincelante pour Klassen. Aux Championnats du monde de sprint, elle termina deuxième au classement général. Un mois plus tard, elle gagnait le titre global aux Championnats du monde toutes épreuves (500, 1500, 3000 et 5000 m). Pour la première fois en 15 ans, une patineuse remportait des médailles aux 2 championnats. En outre, Klassen était la première Canadienne à remporter le titre mondial toutes épreuves depuis 27 ans. Pour couronner cette année remarquable, elle s'empara du titre du 1500 m à la Coupe du monde.

Quoiqu'elle ait raté la saison suivante entière à cause d'une blessure (elle était entrée en collision avec la lame d'une autre patineuse et s'était sectionné 12 tendons au bras droit), Klassen revint en force en 2005 et gagna le 1500 m de la Coupe du monde, puis 2 médailles d'or aux Championnats du monde (1500 et 3000 m).

Klassen se présenta aux Jeux de Turin, en 2006, à titre de favorite mondiale et termina les Jeux comme vedette olympique du Canada. Elle gagna un fabuleux total de cinq médailles : deux de bronze (5000 et 3000 m), deux d'argent (1000 m et poursuite par équipes) et une d'or (1500 m). Klassen est la première Canadienne à gagner cinq médailles dans une même édition olympique. En y ajoutant sa médaille de bronze de 2002, elle devint la glorieuse détentrice du plus grand nombre de médailles olympiques de l'histoire canadienne. Klassen était toute désignée pour porter le drapeau lors de la cérémonie de clôture des Jeux.

Elle ne s'arrêta pas là. Plus tard en 2006, Klassen gagna encore le titre au 3000 mètres à la Coupe du monde toutes catégories, de même qu'elle finit première dans les quatre distances lors des Championnats du monde toutes distances. Des blessures la tinrent éloignée de l'anneau de vitesse durant quelques saisons mais, en décembre 2009, *Sports Illustrated* la classait parmi les 10 meilleures athlètes olympiques féminines de la décennie. Quoiqu'elle n'ait pas atteint le podium, Klassen s'est de nouveau montrée une compétitrice sérieuse aux Jeux olympiques d'hiver de Vancouver, en 2010.

HONNEURS

· Trophée Bobbie Rosenfeld – 2005 et 2006
· Trophée Velma Springstead – 2005 et 2006
· Trophée Lou Marsh – 2006
· Trophée Oscar Mathisen – 2006

3 Steve Nash

1974 (Johannesburg, Afrique du Sud) –

STEVE NASH, la fierté de Victoria, en Colombie-Britannique, est sans contredit le joueur de basket-ball le plus remarquable que le Canada ait jamais produit. Vers l'âge de 13 ans, ce joueur 2 fois honoré du titre de joueur par excellence de la NBA comprit que le basketball était son avenir.

Nommé joueur de l'année des écoles secondaires de la Colombie-Britannique en 1992, Nash fut repêché par l'Université Santa Clara en Californie, dont il améliora le sort défaillant de l'équipe. À sa troisième année, Nash était joueur de l'année de la Conférence de la côte Ouest et dominait la ligue au total des points et des passes décisives. Il répéta ses performances l'année suivante, puis fut capté par le radar des éclaireurs et des entraîneurs de la NBA.

Les Suns de Phoenix choisirent Nash au premier tour du repêchage universel de 1996. Après trois saisons peu glorieuses, on le céda à Dallas, où il fit sa marque. Excellent manieur de ballon, faiseur de jeux et passeur extraordinaire, Nash eut une fiche de 7,9 points par match pendant sa première saison avec les Mavericks et de 8,6 points l'année suivante. Pendant sa spectaculaire saison 2000-2001, ses moyennes de 15,6 points et 7,3 passes décisives par match conduisirent les Mavericks aux demi-finales de la Conférence de l'Ouest pour la première fois en 10 ans. L'année suivante, ses moyennes de 17,9 points et 7,7 passes décisives lui valurent une participation au match des Étoiles de la NBA et menèrent son équipe à une autre séquence de séries éliminatoires. Il répéta ces moyennes en 2002-2003, mais cette fois les Mavericks se rendirent jusqu'en finale de la Conférence, où ils perdirent contre les champions de la ligue, les Spurs de San Antonio.

Les performances de Nash déclinèrent l'année suivante, ce qui provoqua un échange. Les Suns étaient désireux de ravoir Nash, et il leur donna raison. En une saison sous le leadership de Nash, les Suns passèrent d'équipe perdante à l'équipe la plus victorieuse de la ligue. Nash obtint sa plus haute moyenne de points par match (18,8) et de rebonds (4,2), son meilleur pourcentage de tirs au panier (,512) et de lancers francs (le plus haut score de la ligue, soit ,921), et il domina la ligue avec 10,5 passes décisives par match. À la fin de la saison, il devint le premier Canadien et seulement le troisième meneur à recevoir les honneurs du joueur le plus utile de la NBA.

En 2006, Nash répéta son exploit phénoménal du joueur le plus utile, menant son équipe au championnat de la Division et aux honneurs du plus haut pointage. En 2007, il manqua de peu la nomination du joueur le plus utile une troisième fois.

Quoique son jeu se soit tempéré au cours des saisons suivantes, Nash continua incontestablement a jouer du basketball de haut niveau. À la fin de la saison 2008-2009, sa moyenne de 90 % aux lancers francs fut la deuxième de l'histoire de la NBA et sa moyenne de tirs à 3 points dans sa carrière (43,2 %) était la cinquième. Nash était de la formation partante au match des Étoiles de la NBA de 2010. Ce joueur, sélectionné six fois au sein de l'équipe d'Étoiles de la NBA, a amélioré la visibilité du basketball au Canada et poussé bien des jeunes joueurs de basketball canadiens à oser rêver.

HONNEURS

· Trophée Lionel Conacher – 2002, 2005 et 2006
· Trophée Lou Marsh – 2005
· Trophée James Naismith – 2005
· Joueur le plus utile de la NBA – 2005 et 2006
· J. Walter Kennedy Citizenship Award – 2007
· Officier de l'Ordre du Canada – 2007

2 Bobby Orr

1948 (Parry Sound, Ontario) – LE NOM DE BOBBY ORR évoque tout autant l'admiration que le déchirement. Il fut le plus grand défenseur et le joueur le plus complet de l'histoire du hockey, mais il ne joua que neuf saisons complètes dans la LNH. Des blessures récurrentes aux genoux le forcèrent à prendre une retraite prématurée et ses aptitudes extraordinaires suscitèrent l'une des plus grandes interrogations dans le monde du hockey : « Mais s'il avait connu une carrière complète ? »

Le grand défenseur était petit quand il était enfant, mais il était étonnamment vif. Son père décela rapidement son énorme talent et lui assura un entraînement intensif. Orr progressa rapidement et, à 12 ans, fut remarqué par les Bruins de Boston, qui le mirent sous contrat comme joueur junior. Ils s'arrangèrent pour que, à 14 ans, il jouât avec les Generals d'Oshawa, une équipe junior A, contre des adversaires qui pouvaient avoir jusqu'à 20 ans. À 17 ans, Orr avait une moyenne de deux points par match et mena les Generals au championnat de la Ligue junior de l'Ontario.

À 18 ans, le chétif Bobby Orr était devenu un jeune homme de 1,83 m (6 pi) et 91 kg (200 lb), aux capacités hors pair. En 1966, l'avocat Alan Eagleson négocia son premier contrat professionnel avec les Bruins, faisant de lui le joueur le mieux payé de l'histoire de la LNH à ce moment, ce qui inaugura l'ère des agents représentant les joueurs.

À son premier match dans la LNH – contre les Red Wings de Detroit et le grand Gordie

Howe –, Orr obtint sa première passe sur un but, et sa polyvalence défensive impressionna la foule : tirs bloqués, attaquants adverses tenus à l'écart du filet et mises en échec à point nommé. À la fin de la saison, Orr remporta le trophée de la recrue de l'année.

Durant sa plus spectaculaire saison (1969-1970), Orr accumula 120 points (33 buts et 87 aides) et s'assura ainsi le titre du meilleur marqueur de la LNH. Il mena les Bruins à leur première Coupe Stanley depuis 29 ans avec un but gagnant spectaculaire en période supplémentaire contre les Blues de St. Louis (immortalisé par l'une des photos de hockey les plus célèbres). Orr reçut quatre grands trophées cette année-là : Hart, James Norris, Art Ross et Conn Smythe ; c'est le seul joueur à ce jour à avoir accompli pareil exploit.

Les 6 saisons de plus de 100 points de Orr culminèrent en 1974-1975 avec un total phénoménal de 135 points (46 buts et 89 aides), un sommet de la ligue. Orr demeure toujours le seul défenseur dans l'histoire de la LNH à avoir mené la ligue au chapitre des points. Il a par ailleurs présenté la meilleure fiche +/- de la LNH pendant 6 ans, et sa cote de +124 de 1970 demeure toujours la plus élevée pour une seule saison.

Orr a pris sa retraite en 1979 : après d'innombrables opérations, ses genoux en lambeaux n'auraient pu tenir le coup une autre saison. Son intronisation au Temple de la renommée du hockey a eu lieu cette même année ; il était le plus jeune joueur à y être admis (il n'avait que 31 ans). On est vraiment en droit de se dire : « Mais si... ? »

LE PLUS GRAND :

1 Wayne Gretzky

1961 (Brantford, Ontario) –

WAYNE GRETZKY, le meilleur athlète canadien de tous les temps – ce grand attaquant blond et maigre au sourire radieux – a ravi les amateurs de sport pendant deux décennies, dominant la LNH par son calme et son talent surnaturel, bousculant un record après l'autre.

C'est une histoire canadienne classique. Un garçon d'une petite ville ontarienne apprend à jouer au hockey sur une patinoire aménagée dans la cour arrière de la maison. Il s'exerce des heures et des heures, appliquant avec soin le conseil de son père : « Patine là où va la rondelle et non pas là d'où elle vient. » Bientôt, il déjoue des garçons qui ont le double de son âge et de sa taille. À 15 ans, il joue dans la Ligue junior de l'Ontario et, à 16 ans, il est le plus jeune joueur de tous les temps à finir en tête des marqueurs au Championnat du monde junior. À 17 ans, il se joint à l'AMH et est tout excité de disputer un match des Étoiles aux côtés de son idole, le grand Gordie Howe. Le jeune Gretzky voulait le chandail numéro 9 en l'honneur de son héros, mais, bien sûr, ce numéro est pris ; il se contente du numéro 99, qui sera bientôt célèbre. En 1979, le jeune prodige se retrouve dans la LNH chez les Oilers d'Edmonton, dont la dynastie commence. Durant son année de recrue, à 18 ans, il totalise 137 points, ce qui le place à égalité avec Marcel Dionne, mais c'est ce dernier qui est sacré meilleur pointeur, car il a marqué deux buts de plus que Gretzky.

L'étonnante capacité de Gretzky à anticiper le jeu – apparaître toujours au bon endroit et à temps pour exécuter le geste le plus intelligent – le propulsa dans un nouveau monde de records fabuleux... À un âge effrontément jeune, il surpassait déjà nombre de légendes du hockey. Âgé de 20 ans seulement, il battit 2 des records de saison les plus formidables du hockey : celui des passes de Bobby Orr et celui des points de Phil Esposito. Un autre de ses records pourrait n'être jamais battu : 50 buts en seulement 39 matchs. En 1983-1984, il connut une séquence de 51 matchs consécutifs au cours de laquelle il maintint une moyenne de 3 points par match, obtenant ainsi 61 buts et 92 aides pour un total de 153 points ; ce fut la première de deux fois où il établit le record du plus grand nombre de buts marqués dans une séquence de 50 matchs.

Gretzky mena les Oilers d'Edmonton à quatre Coupes Stanley et dirigea fièrement le Canada à trois victoires en Coupe Canada. Lorsqu'il a pris sa retraite en 1999, Gretzky détenait le nombre hallucinant de 61 records, ce qui est un record en soi. Ses records en saison régulière comprennent le plus grand nombre de buts (92), d'aides (163) et de points (215) en une saison.

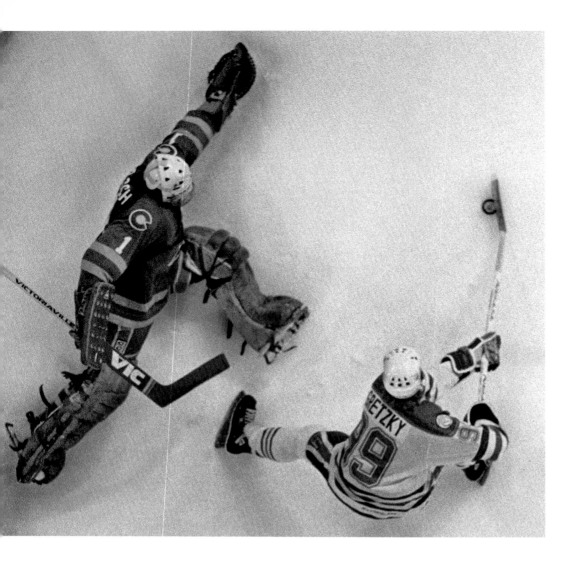

Pour l'ensemble de sa carrière, Gretzky détient le record du plus grand nombre de buts (894), d'aides (1963) et de tours du chapeau (50) en saison régulière. Son record de 2857 points paraît inaccessible, car celui qui le talonne de plus près, son ancien coéquipier Mark Messier, n'a totalisé que 1887 points ! Son seul total d'aides est plus élevé que le total des points de tout autre joueur. Gretzky n'a mis que 10 ans à dépasser le total des points en 26 ans de carrière de son héros Gordie Howe (1850), et son total de carrière s'élève à un incroyable 3239 points (saisons régulières et séries éliminatoires).

En 1988, Edmonton échangea Gretzky aux Kings de Los Angeles, où sa venue déclencha une frénésie pour le hockey comme la franchise n'en avait pas connue en 22 ans d'existence. Le roi était en ville et les stars de L.A. – le gratin du cinéma, de la musique, de la politique et des autres sports – en prenant bonne note, firent la queue pour des places en bordure de la patinoire. Huit ans plus tard, Gretzky enfilait un chandail des Blues de St. Louis, puis passait aux Rangers de New York, avec lesquels il joua les dernières saisons de son incomparable carrière.

Haut fait remarquable, Gretzky remporta neuf fois (dont huit consécutives) le trophée du Joueur le plus utile de la LNH. C'est plus souvent que tout autre athlète ayant mérité le titre dans l'histoire de tous les autres sports professionnels majeurs. Gretzky joua son dernier match dans la LNH le 18 avril 1999. La LNH retira le numéro 99 de tous les clubs de la ligue ; Gretzy partage cet honneur avec le joueur de baseball Jackie Robinson.

En 2010, Gretzky – le Grand, le meilleur athlète canadien de tous les temps – fut le dernier porteur du flambeau olympique et (en compagnie de Nancy Greene, Steve Nash, Catriona Le May Doan et Rick Hansen) il alluma la vasque lors de la cérémonie d'ouverture des Jeux d'hiver de Vancouver.

HONNEURS

· Trophée Lou Kaplan – 1979
· Trophée Hart – 1980, 1981, 1982, 1983, 1984, 1985, 1986, 1987 et 1989
· Trophée Lady Bing – 1980, 1991, 1992, 1994 et 1999
· Trophée Lionel Conacher – 1980, 1981, 1982, 1983, 1985 et 1989
· Trophée Art Ross – 1981, 1982, 1983, 1984, 1985, 1986, 1987, 1990, 1991 et 1994
· Trophée Lester B. Pearson – 1982, 1983, 1984, 1985 et 1987
· Trophée Lou Marsh – 1982, 1983, 1985 et 1989
· Athlète de l'année de *Sports Illustrated* – 1982
· Trophée Conn Smythe – 1985 et 1988
· Trophée Lester Patrick – 1994
· Panthéon des sports canadiens – 1999
· Athlète masculin du siècle de la Presse canadienne et de Broadcast News – 1999
· Retrait du chandail numéro 99 par la LNH – 2000
· Temple de la renommée de la Fédération internationale de hockey sur glace – 2000
· Compagnon de l'Ordre du Canada – 2009

MENTION SPÉCIALE

Terry Fox

1958 (Winnipeg, Manitoba) – 1981

ET PUIS IL Y A TERRY.

Pour les Canadiens et des millions d'autres personnes dans le monde, Terry Fox est dans une catégorie qui n'appartient qu'à lui : il est le plus grand athlète et héros du Canada. Pour les écoliers trop jeunes pour avoir été témoins de son extraordinaire exploit, Fox est un héros populaire dont ils connaissent l'histoire par cœur : le diagnostic de son cancer, l'amputation d'une jambe et sa détermination à soulager la souffrance des autres aux prises avec un cancer. Son Marathon de l'espoir de 5342 km débuta en 1980 par l'image symbolique de Fox trempant sa jambe artificielle dans l'océan Atlantique. Il prit fin le 28 juin 1982 avec sa mort tragique, mais son exploit spectaculaire revit au moment de la collecte de fonds annuelle – devenue depuis un événement international – qui porte son nom.

Le jeune homme aux cheveux frisés de Port Coquitlam en Colombie-Britannique pratiqua plusieurs sports durant son adolescence, mais c'était le basketball qui le passionnait le plus. Toutefois, il y avait un problème : Fox était petit, mince et – pire que tout – un mauvais joueur. Entêté et résolu, il s'entraînait à chacun de ses moments libres et s'améliora assez pour occuper la position d'arrière de la formation de départ de l'équipe de son école secondaire... et remporter le trophée de l'athlète de l'année. Sa persévérance lui valut une place dans l'équipe de l'Université Simon Fraser.

Ces mêmes qualités d'endurance et de détermination mentales aidèrent Fox à continuer malgré la perte dévastatrice de sa jambe à cause du cancer. Elles lui permirent de rester fidèle au rigoureux programme d'entraînement nécessaire pour son odyssée à travers le Canada. Le courageux jeune homme de 21 ans repoussa ses limites jusqu'à ce qu'il fût capable de courir la renversante moyenne de 40 km par jour, soit l'équivalent d'un marathon quotidien. Et il soutint ce rythme pendant 143 jours. Sur une seule bonne jambe.

Personne avant lui n'avait jamais accompli un exploit athlétique aussi exténuant. L'héritage de Terry Fox est à la fois collectif – plus de 400 millions de dollars ont été recueillis pour la recherche sur le cancer – et personnel. Un garçon de six ans du nom de Steve Nash se levait tôt chaque matin du printemps 1980 pour regarder Fox courir. « Il a eu une énorme influence, a dit Nash de son héros d'enfance. Je ne suis pas sûr qu'il y ait beaucoup d'histoires comme la sienne dans le monde. Qui a grandi et vu quelqu'un entrer dans sa vie comme ça, quelqu'un surgi de nulle part pour devenir un héros national pour les bonnes raisons et intentions ? »

La persévérance, la détermination et le courage – des qualités que l'on voit à l'œuvre chez les meilleurs athlètes canadiens – sont des traits que Terry Fox avait à revendre. Et chaque année, pendant la Journée Terry Fox (le deuxième dimanche suivant le jour de la fête du Travail), les Canadiens ont l'occasion de revivre l'histoire du meilleur d'entre eux.

Honneurs

· Compagnon de l'Ordre du Canada – 1980

· Trophée Lou Marsh – 1980

· Panthéon des sports canadiens – 1981

· Chaque année, vers la mi-septembre, la course Terry
  Fox constitue la plus grande activité internationale de
  collecte de fonds pour la recherche sur le cancer.

ABRÉVIATIONS

AMH — Association mondiale de hockey (1971-1979)

CIO — Comité international olympique

CoSIDA — College Sports Information Directors of America (États-Unis)

FIFA — Fédération internationale de football association (soccer)

LAH — Ligue américaine de hockey

LCF — Ligue canadienne de football

LHJMQ — Ligue de hockey junior majeur du Québec

LNH — Ligue nationale de hockey

NBA — National Basketball Association

NLL — Ligue nationale de crosse

NSCAA — Association nationale des entraîneurs de soccer d'Amérique

PCHA — Association de hockey de la Côte Pacifique

USL — United Soccer League

WCC — West Coast Conference (Universités des États-Unis)

RÉCOMPENSES

Coupe Honda-Broderick – Remise à l'athlète féminine universitaire de l'année (États-Unis), choisie par un comité national de plus de 1000 directeurs de sport universitaire.

Gant d'Or – Remis à un joueur du baseball majeur ayant démontré des qualités d'excellence à la défensive, choisi par les gérants et les entraîneurs.

J. Walter Kennedy Citizenship Award – Trophée remis à un joueur de la Ligue nationale de basketball pour services rendus et son engagement envers la communauté, en particulier les populations dans le besoin, choisi par la Professional Basketball Writers' Association.

Médaille Mike Kelly – Remise au joueur de crosse par excellence à la Coupe Mann, choisi par les journalistes sportifs canadiens.

Médaille Thomas Keller – Remise par la Fédération internationale d'aviron pour souligner une carrière internationale remarquable en aviron.

Ordre du Canada – La plus haute distinction civile au Canada reconnaît une vie de réussites exceptionnelles et de service méritoire pour le Canada ou l'humanité dans son ensemble ; il y a trois grades : membre, officier et compagnon (le plus élevé).

Trophée Art Ross – Remis au joueur de la LNH totalisant le plus de points à la fin de la saison.

Trophée Avelino Gomez – Remis à un jockey ayant contribué de manière remarquable à son sport.

Trophée Bill Masterton – Remis au joueur de la LNH représentant l'excellence, l'esprit sportif et le dévouement, choisi par l'Association des journalistes du hockey professionnel.

Trophée Bobbie Rosenfeld – Remis à l'athlète féminine de l'année, choisie par les membres de la Presse canadienne.

Trophée Bruce Kidd du leadership – Remis à un athlète d'équipe nationale qui a contribué de façon remarquable au sport canadien comme chef de file, représentant, agent de changement ou bâtisseur, présenté par la Fondation de l'Esprit sportif.

Trophée Calder – Remis à la meilleure recrue de l'année dans la LNH, choisie par l'Association des journalistes du hockey professionnel.

Trophée Conn Smythe – Remis au joueur le plus utile à son équipe dans les séries éliminatoires de la LNH, choisi par l'Association des journalistes du hockey professionnel.

Trophée Cy Young – Remis aux lanceurs de l'année du baseball majeur, un dans la Ligue nationale, l'autre dans la Ligue américaine, choisis par la Baseball Writers' Association of America.

Trophée Dick Suderman – Remis au joueur de la LCF le plus utile pendant le match de la Coupe Grey, choisi par l'Association des reporters de football du Canada.

Trophée Eddie James – Remis au meilleur porteur de ballon de la division Ouest de la LCF, choisi par l'Association des reporters de football du Canada.

Trophée Frank J. Selke – Remis à l'attaquant de la LNH qui excelle le plus dans les aspects défensifs du jeu, choisi par l'Association des journalistes du hockey professionnel.

Trophée George Woolf du jockey – Remis au jockey de pur-sang qui a fait preuve des plus hauts standards de conduite personnelle et professionnelle en piste et hors piste, choisi par la Jockey's Guild.

Trophée Hart – Remis au joueur de la LNH le plus utile à son équipe en saison régulière, choisi par l'Association des journalistes du hockey professionnel.

Trophée James Naismith – Remis au joueur canadien de basketball ayant fourni une contribution significative au basketball tout au long de sa vie, présenté par Basketball Canada.

Trophée James Norris – Remis au meilleur défenseur de la LNH, choisi par l'Association des journalistes du hockey professionnel.

Trophée Jeff Russel – Remis au joueur par excellence de la division Est de la LCF, choisi par l'Association des reporters de football du Canada.

Trophée John Semmelink – Remis à l'athlète canadien par excellence en ski et surf des neiges, présenté par l'Association canadienne des sports d'hiver.

Trophée Lady Bing – Remis au joueur de la LNH ayant manifesté le meilleur esprit sportif et excellant dans tous les aspects du jeu, choisi par l'Association des journalistes du hockey professionnel.

Trophée Lester B. Pearson – Remis au joueur par excellence en saison régulière de la LNH, choisi par les membres de l'Association des joueurs de la LNH.

Trophée Lester Patrick – Remis à un joueur de la LNH pour sa contribution remarquable au hockey sur glace aux États-Unis, choisi par un comité de représentants officiels de la LNH.

Trophée Lew Hayman – Remis au meilleur joueur d'origine canadienne de la division Est de la LCF, choisi par l'Association des reporters de football du Canada.

Trophée Lionel Conacher – Remis à l'athlète masculin de l'année, choisi par les membres de la Presse canadienne.

Trophée Lou Kaplan – Remis à la meilleure recrue de l'année de l'Association mondiale de hockey.

Trophée Lou Marsh – Remis à l'athlète canadien de l'année, professionnel ou amateur, choisi par un comité formé de journalistes.

Trophée M. A. C. Hermann – Remis aux meilleurs joueurs de soccer masculin et féminin aux États-Unis, présenté par le Missouri Athletic Club.

Trophée Millar – Remis au gagnant du Championnat de l'Association canadienne de golf professionnel.

Trophée Norton H. Crow – Remis au meilleur athlète masculin de l'année au Canada, présenté par la Fondation Sport pur.

Trophée Oscar Mathisen – Prix international remis pour la performance la plus exceptionnelle de la saison en patinage de vitesse, présenté par le Oslo Skøiteklub (Club de patinage d'Oslo).

Trophée Silver Slugger – Remis au meilleur joueur offensif du baseball majeur (Ligue américaine et Ligue nationale), choisi par les entraîneurs et les gérants des ligues de baseball majeures.

Trophée Sovereign – Remis au meilleur jockey ou homme de l'année, présenté par le Jockey Club of Canada.

Trophée Trico – Remis au gardien de but de la LNH ayant le meilleur pourcentage de victoires préservées en saison régulière. Offert la première fois en 1989, abandonné en 1992.

Trophée Velma Springstead – Remis à la meilleure athlète féminine de l'année, présenté par la Fondation Sport pur.

Trophée Vézina – Remis au meilleur gardien de but de la LNH, choisi par 30 directeurs généraux.

Trophée William M. Jennings – Remis au gardien de but de la LNH ayant accordé le moins de buts en saison régulière.

Trophée Wilma Rudolph du courage – Remis à une athlète féminine qui a fait preuve d'un courage extraordinaire dans ses performances sportives, surmonté l'adversité et apporté une contribution remarquable aux sports, et qui sert d'inspiration et de modèle pour celles qui doivent relever un défi, présenté par la Women's Sports Foundation (Fondation des femmes pour les sports).

Trophée Wilson et McCall – Remis aux partenaires remarquables dans une épreuve sportive, présenté par la Fondation Sport pur.

World Curling Freytag Award – Prix remis pour honorer l'adresse, l'esprit sportif, le caractère et l'extraordinaire distinction des joueurs de curling participant au Championnat du Monde, présenté par la Fédération mondiale de curling.

LISTE DES ATHLÈTES PAR RANG

100 Larry Robinson

99 Jacques Villeneuve

98 Charmaine Hooper

97 Jennifer Heil

96 Kevin Martin

95 Susan Nattrass

94 Mark Tewksbury

93 Michael « Mike » Bossy

92 Anne Heggtveit

91 Raymond « Ray » Bourque

90 Denis Potvin

89 Henri Richard

88 Daniel Igali

87 Sylvanus « Syl » Apps

86 Norman « Normie » Kwong

85 Angela James

84 Ned Hanlan

83 Guy Lafleur

82 Tony Gabriel

81 Phil Edwards

80 James « Jimmy » McLarnin

79 Gary Gait

78 Edward « Eddie » Shore

77 Jamie Salé & David Pelletier

76 Christine Sinclair

75 Gilles Villeneuve

74 Fred « Cyclone » Taylor

73 Tommy Burns

72 Steve Bauer

71 Sandra Schmirler

70 Karen Magnussen

69 Kathy Kreiner

68 Nancy Garapick

67 Terry Sawchuk

66 Phil Esposito

65 Howie Morenz

64 Paul Coffey

63 Daniel Nestor

62 Ron Turcotte

61 Ken Read

60 Myriam Bédard

59 Johnny Longden

58 Marilyn Bell

57 Éric Gagné

56 Jack Bionda

55 Adam van Koeverden

54 Steve Yzerman

53 Ian Millar

52 Sandra Post

51 George Knudson

50 Rick Hansen

49 Jean Béliveau

48 Elaine Tanner	22 Russ Jackson
47 Beckie Scott	21 Percy Williams
46 George Chuvalo	20 Marlene Stewart Streit
45 Silken Laumann	19 Fanny « Bobbie » Rosenfeld
44 Harry Jerome	18 Simon Whitfield
43 Brian Orser	17 Chantal Petitclerc
42 Kathleen Heddle	16 Barbara Ann Scott
41 Sandy Hawley	15 Mario Lemieux
40 Caroline Brunet	14 Nancy Greene
39 Marc Gagnon	13 Marnie McBean
38 Mark Messier	12 Mike Weir
37 Patrick Roy	11 Maurice «Rocket » Richard
36 Tom Longboat	10 Clara Hughes
35 Justin Morneau	9 Larry Walker
34 Bobby Hull	8 Ferguson « Fergie » Jenkins
33 Victor Davis	7 Gordie Howe
32 Elvis Stojko	6 Donovan Bailey
31 Martin Brodeur	5 Lionel Conacher
30 Catriona Le May Doan	4 Cindy Klassen
29 Lennox Lewis	3 Steve Nash
28 Steve Podborski	2 Bobby Orr
27 Doug Harvey	1 Wayne Gretzky
26 Kurt Browning	MENTION SPÉCIALE : Terry Fox
25 Hayley Wickenheiser	
24 Gaétan Boucher	
23 Alex Baumann	

LISTE ALPHABÉTIQUE DES ATHLÈTES

Apps, Sylvanus « Syl » (87)

Bailey, Donovan (6)

Bauer, Steve (72)

Baumann, Alex (23)

Bédard, Myriam (60)

Béliveau, Jean (49)

Bell, Marilyn (58)

Bionda, Jack (56)

Bossy, Michael « Mike » (93)

Boucher, Gaétan (24)

Bourque, Raymond « Ray » (91)

Brodeur, Martin (31)

Browning, Kurt (26)

Brunet, Caroline (40)

Burns, Tommy (73)

Chuvalo, George (46)

Coffey, Paul (64)

Conacher, Lionel (5)

Davis, Victor (33)

Edwards, Phil (81)

Esposito, Phil (66)

Fox, Terry (Mention spéciale)

Gabriel, Tony (82)

Gagné, Éric (57)

Gagnon, Marc (39)

Gait, Gary (79)

Garapick, Nancy (68)

Greene, Nancy (14)

Gretzky, Wayne (1)

Hanlan, Ned (84)

Hansen, Rick (50)

Harvey, Doug (27)

Hawley, Sandy (41)

Heddle, Kathleen (42)

Heggtveit, Anne (92)

Heil, Jennifer (97)

Hooper, Charmaine (98)

Howe, Gordie (7)

Hughes, Clara (10)

Hull, Bobby (34)

Igali, Daniel (88)

Jackson, Russ (22)

James, Angela (85)

Jenkins, Ferguson « Fergie » (8)

Jerome, Harry (44)

Klassen, Cindy (4)

Knudson, George (51)

Kreiner, Kathy (69)

Kwong, Norman « Normie » (86)

Lafleur, Guy (83)

Laumann, Silken (45)

Le May Doan, Catriona (30)

Lemieux, Mario (15)

Lewis, Lennox (29)

Longboat, Tom (36)

Longden, Johnny (59)

Magnussen, Karen (70)

Martin, Kevin (96)

McBean, Marnie (13)

McLarnin, James « Jimmy » (80)

Messier, Mark (38)

Millar, Ian (53)

Morenz, Howie (65)

Morneau, Justin (35)

Nash, Steve (3)

Nattrass, Susan (95)

Nestor, Daniel (63)

Orr, Bobby (2)

Orser, Brian (43)

Pelletier, David (77)

Petitclerc, Chantal (17)

Podborski, Steve (28)

Post, Sandra (52)

Potvin, Denis (90)

Read, Ken (61)

Richard, Henri (89)

Richard, Maurice « Rocket » (11)

Robinson, Larry (100)

Rosenfeld, Fanny « Bobbie » (19)

Roy, Patrick (37)

Salé, Jamie (77)

Sawchuk, Terry (67)

Schmirler, Sandra (71)

Scott, Barbara Ann (16)

Scott, Beckie (47)

Shore, Edward « Eddie » (78)

Sinclair, Christine (76)

Stewart Streit, Marlene (20)

Stojko, Elvis (32)

Tanner, Elaine (48)

Taylor, Fred « Cyclone » (74)

Tewksbury, Mark (94)

Turcotte, Ron (62)

van Koeverden, Adam (55)

Villeneuve, Gilles (75)

Villeneuve, Jacques (99)

Walker, Larry (9)

Weir, Mike (12)

Whitfield, Simon (18)

Wickenheiser, Hayley (25)

Williams, Percy (21)

Yzerman, Steve (54)

LISTE DES ATHLÈTES PAR SPORT

ATHLÉTISME
Sylvanus « Syl » Apps (87)
Donovan Bailey (6)
Phil Edwards (81)
Harry Jerome (44)
Tom Longboat (36)
Bobbie Rosenfeld (19)
Percy Williams (21)

AVIRON
Ned Hanlan (84)
Kathleen Heddle (42)
Silken Laumann (45)
Marnie McBean (13)

BASEBALL
Éric Gagné (57)
Ferguson « Fergie » Jenkins (8)
Justin Morneau (35)
Larry Walker (9)

BASKETBALL
Steve Nash (3)

BIATHLON
Myriam Bédard (60)

BOXE
Tommy Burns (73)
George Chuvalo (46)
Lennox Lewis (29)
James « Jimmy » McLarnin (80)

COURSE AUTOMOBILE
Gilles Villeneuve (75)
Jacques Villeneuve (99)

COURSES DE CHEVAUX
Sandy Hawley (41)
Johnny Longden (59)
Ron Turcotte (62)

COURSES EN FAUTEUIL ROULANT
Rick Hansen (50)
Chantal Petitclerc (17)

CROSSE
Jack Bionda (56)
Gary Gait (79)

CURLING
Kevin Martin (96)
Sandra Schmirler (71)

CYCLISME
Steve Bauer (72)
Clara Hughes (10)

FOOTBALL
Tony Gabriel (82)
Russ Jackson (22)
Norman « Normie » Kwong (86)

GOLF
George Knudson (51)
Sandra Post (52)
Marlene Stewart Streit (20)
Mike Weir (12)

HOCKEY
Sylvanus « Syl » Apps (87)
Jean Béliveau (49)
Michael « Mike » Bossy (93)
Raymond « Ray » Bourque (91)
Martin Brodeur (31)
Paul Coffey (64)
Lionel Conacher (5)
Phil Esposito (66)
Wayne Gretzky (1)
Doug Harvey (27)
Gordie Howe (7)
Bobby Hull (34)
Angela James (85)

Guy Lafleur (83)
Mario Lemieux (15)
Mark Messier (38)
Howie Morenz (65)
Bobby Orr (2)
Denis Potvin (90)
Henri Richard (89)
Maurice « Rocket » Richard (11)
Larry Robinson (100)
Patrick Roy (37)
Terry Sawchuk (67)
Edward « Eddie » Shore (78)
Fred « Cyclone » Taylor (74)
Hayley Wickenheiser (25)
Steve Yzerman (54)

KAYAK
Caroline Brunet (40)
Adam van Koeverden (55)

LUTTE
Daniel Igali (88)

MARATHON DE NAGE
Marilyn Bell (58)

NATATION
Alex Baumann (23)
Victor Davis (33)
Nancy Garapick (68)
Elaine Tanner (48)
Mark Tewksbury (94)

PATINAGE ARTISTIQUE
Kurt Browning (26)
Karen Magnussen (70)
Brian Orser (43)
David Pelletier (77)
Jamie Salé (77)
Barbara Ann Scott (16)
Elvis Stojko (32)

PATINAGE DE VITESSE
Gaétan Boucher (24)
Marc Gagnon (39)
Clara Hughes (10)
Cindy Klassen (4)
Catriona Le May Doan (30)

SKI ACROBATIQUE
Jennifer Heil (97)

SKI ALPIN
Nancy Greene (14)
Anne Heggtveit (92)
Kathy Kreiner (69)
Steve Podborski (28)
Ken Read (61)

SKI DE FOND
Beckie Scott (47)

SOCCER
Charmaine Hooper (98)
Christine Sinclair (76)

SPORTS ÉQUESTRES
Ian Millar (53)

TENNIS
Daniel Nestor (63)

TIR
Susan Nattrass (95)

Triathlon
Simon Whitfield (18)

PLUSIEURS SPORTS
Lionel Conacher (5)
Fanny « Bobbie » Rosenfeld (19)

SOURCES DOCUMENTAIRES

Les publications et sites web des organismes énumérés ci-dessous ont été d'une aide inestimable.

L'Encyclopédie canadienne

La Presse canadienne

CBC Sports

CTV Sports

L'Institut Historica-Dominion

Jewish Women's Archive

Bibliothèque et Archives Canada (collection numérique)

NBC Sports

TSN

Le Panthéon des sports canadiens et le Temple de la renommée du hockey (et leur site affilié, Legends of Hockey) ont été particulièrement utiles. Les sites web des temples de la renommée de chaque province, de même que les temples de la renommée des sports spécifiques mentionnés ci-dessous ont aussi été précieux.

Canadian Horse Racing Hall of Fame

Temple de la renommée du ski du Canada

Temple international de la renommée de la boxe internationale

Temple international de la renommée en natation

Temple de la renommée de la crosse canadienne

Pour la vérification rapide de données et la confirmation de détails, je suis redevable aux sites web des organismes et associations de sports qui suivent :

Canada alpin

Canada Basketball

BC Lacrosse Association

Association canadienne pour l'avancement des femmes et du sport et de l'activité physique

Association canadienne de curling

Association cycliste canadienne

Canada Hippique

Patinage Canada

Ligue canadienne de football

Association féminine canadienne de golf

Association olympique canadienne

Comité paralympique canadien

Association canadienne des sports d'hiver

Soccer Canada

Edmonton Oilers Heritage

Hockey Canada

Ligues majeures de baseball

National Basketball Association

Ligue nationale de hockey

Canada Aviron

Natation Canada

Tennis Canada

Les livres suivants ont été utiles pour mes recherches:

BISSON, James. *One Hundred Greatest Canadian Sports Moments*. Toronto, Wiley, 2008, 160 pages.

DIXON, Joan. *Trailblazing Sport Heroes*. Canmore, Altitude Publishing, 2003, 128 pages.

DRYDEN, Steve. *Total Gretzky*. Toronto, McLelland & Stewart, 2000, 176 pages.

DUBLIN, Anne. *Bobbie Rosenfeld: The Olympian Who Could Do Everything*. Toronto, Second Story Press, 2004, 148 pages.

ETUE, Elizabeth & Megan WILLIAMS. *On The Edge: Women Making Hockey History*. Toronto, Second Story Press, 1996, 336 pages.

GREENE, Nancy. *Nancy Green: An Autobiography*. Toronto, Pagurian Press Limited, Encounter Series Edition, 1971.

LONG, Wendy. *Celebrating Excellence: Canadian Women Athletes*. Vancouver, Polestar, 1995, 175 pages.

MACSKIMMING, Roy. *Gordie: A Hockey Legend*. Vancouver, Greystone Books, 2003, 220 pages.

MORROW, Don et al. *A Concise History of Sport in Canada*. Toronto, Oxford University Press, 1998, 400 pages.

WALLECHINSKY, David and Jaime LOUCKY. *The Complete Book Of The Olympics: 2008 Edition*. UK, Aurum Press, 2008, 1200 pages.

ZEMAN, Brenda. *To Run With Longboat*. Edmonton, G.M.S. Ventures, 1988, 230 pages.

Les versions en ligne ou imprimées des journaux et magazines suivants ont été de bonnes sources d'information et de matériau de fond:

Canadian Rowing

Châtelaine

The Globe and Mail

The Hockey News

Maclean's

New Mobility

The New York Times

The Province

The San Diego Union-Tribune

Sports Illustrated

The Toronto Star

The Vancouver Sun

Athlètes Unis

Les sites web suivants ont été des sources importantes d'information:

boxrec.com

blackhistorysociety.ca

cyberboxingzone.com

encyclopedia.stateuniversity.com

famouscanadians.net

formula1.com

heroines.ca

olympic.org

owha.on.ca

slam.canoe.ca

sports.jrank.org

Je suis redevable aux nombreux sites web détaillés et régulièrement mis à jour d'athlètes individuels et d'équipes sportives.

CRÉDITS PHOTOGRAPHIQUES

CRÉDITS PHOTOGRAPHIQUES

Un merci tout spécial aux personnes suivantes, dont le dur labeur et l'efficacité ont rendu possible cette excellente sélection de photographies :

KATE BIRD, du Pacific Newspaper Group

CRAIG CAMPBELL, du Temple de la renommée du hockey

ANDREA GORDON, de CPimages

ARDEN HERBERT, du Panthéon des sports canadiens

CRYSTAL SALAMON, de Getty Images

Les crédits sont présentés suivant l'ordre alphabétique des noms des athlètes.

Syl Apps : Panthéon des sports canadiens

Donovan Bailey : (célébrant) AFP/Getty Images ; (relais) Jeff Haynes/AFP/Getty Images

Steve Bauer : COC/Presse canadienne/J. Merrithew

Alex Baumann : *The Province*

Myriam Bédard : Presse canadienne/Ron Poling

Jean Béliveau : Harold Barkley/The Harold Barkley Archives

Marilyn Bell : *Vancouver Sun*

Jack Bionda : *Vancouver Sun*

Michael Bossy : O-Pee-Chee/Temple de la renommée du hockey

Gaétan Boucher : COC/Presse canadienne

Raymond Bourque : Bruce Bennett/Bruce Bennett Studios/Getty Images

Martin Brodeur : Jim McIsaac/Getty Images

Kurt Browning : COC/Presse canadienne

Caroline Brunet : Maxim Marmur/AFP/Getty Images

Tommy Burns : Panthéon des sports canadiens

George Chuvalo : *Vancouver Sun*/Ralph Bower

Paul Coffey : Steve Babineau/NHLI/Getty Images

Lionel Conacher : (hockey) Temple de la renommée du hockey ; (football et boxe) Panthéon des sports canadiens

Victor Davis : COC/Presse canadienne/Cromby McNeil

Phil Edwards : Panthéon des sports canadiens

Phil Esposito : Tony Triolo/*Sports Illustrated*/Getty Images

Terry Fox : (portrait) Presse canadienne/Chuck Stoody ; (Ordre du Canada) : Vancouver Sun/Glenn Baglo ; (en course) Presse canadienne

Tony Gabriel : Presse canadienne/Arne Glassbourg

Éric Gagné : Presse canadienne /Jeff Lewis

Marc Gagnon : Donald Miralle/Getty Images

Gary Gait : Presse canadienne/Geoff Robins

Nancy Garapick : *The Province*/John Denniston

Nancy Greene : Panthéon des sports canadiens

Wayne Gretzky : (jeune joueur des Oilers) *The Province*/Rick Loughran ; (vue en plongée) Presse canadienne/Dave Buston ; (Coupe Stanley)

Presse canadienne/Mike Ridewood ; (Los Angeles) Presse canadienne/Michael Tweed ; (New York) Jim McIsaac/Bruce Bennett Studios/Getty Images ; (Équipe Canada) COC/Presse canadienne/F. Scott Grant

Ned Hanlan : Panthéon des sports canadiens

Rick Hansen : *Vancouver Sun*/Ian Lindsay

Doug Harvey : Imperial Oil-Turofsky/Temple de la renommée du hockey

Sandy Hawley : *Vancouver Sun*/Ken Oakes

Kathleen Heddle : COC/Presse canadienne/Mike Ridewood

Anne Heggtveit : Panthéon des sports canadiens

Jennifer Heil : Presse canadienne/Lee Jin-man

Charmaine Hooper : *The Province*/Arlen Redekop

Gordie Howe : (Detroit) Harold Barkley/The Harold Barkley Archives ; (Hartford) : Presse canadienne/Doug Ball

Clara Hughes : (à vélo) Presse canadienne/Frank Gunn ; (avec le drapeau) *The Province*/Gerry Kahrmann ; (patinant) *Vancouver Sun*/Ian Lindsay

Bobby Hull : Harold Barkley/The Harold Barkley Archives

Daniel Igali : COC/Presse canadienne

Russ Jackson : *Vancouver Sun*

Angela James : Matthew Manor/Temple de la renommée du hockey

Ferguson Jenkins : (jeune) Louis Requena/MLB Photos/